职业教育农林与食品类专业新形态系列教材

农产品安全与质量检测技术

主　编　马　慧　亚合甫·木沙
副主编　孙　立　王　芹　王艳萍
编　者　马　慧（巴音郭楞职业技术学院）
　　　　亚合甫·木沙（巴音郭楞职业技术学院）
　　　　孙　立（巴音郭楞职业技术学院）
　　　　王　芹（巴音郭楞职业技术学院）
　　　　王艳萍（巴音郭楞职业技术学院）
　　　　郭继娜（巴音郭楞蒙古自治州食品药品检验所）
　　　　宋　江（巴音郭楞蒙古自治州食品药品检验所）
　　　　王陈强（新疆冠农股份有限公司）
　　　　王朝臣（天津渤海职业技术学院）
　　　　毛晓英（石河子大学）
　　　　刘洁洁（库尔勒市农产品质量安全检验检测中心）
　　　　巴吐尔·阿不力克木（新疆农业大学）
　　　　马　萍（巴音郭楞职业技术学院）
　　　　魏　尊（廊坊职业技术学院）

本书旨在介绍农产品安全与质量检测技术的重要性、基本原则、常见问题、技术方法、发展趋势等，通过具体的案例分析，阐述了农产品质量检测的实际应用。本书包含12个项目、23个任务及36个实训任务，内容涉及农产品一般成分、重金属、农药残留量、兽药残留量、有毒有害添加物质等的测定，通过生动的实训任务分析，加深读者对农产品安全与质量检测技术的理解。本书可供职业院校食品类、农产品质量检测及相关专业学生学习使用，也可作为农产品检验、质量管理等相关岗位的培训教材和参考用书。

本书配有电子课件，凡使用本书作为教材的教师可登录机械工业出版社教育服务网www.cmpedu.com注册后下载。咨询电话：010-88379534，微信号：jjj88379534，公众号：CMP-DGJN。

图书在版编目（CIP）数据

农产品安全与质量检测技术 / 马慧，亚合甫·木沙主编.
北京：机械工业出版社，2025.9. -- ISBN 978-7-111-78859-1
Ⅰ. F307.5；S37
中国国家版本馆CIP数据核字第2025JU1355号

机械工业出版社（北京市百万庄大街22号　邮政编码100037）
策划编辑：高　伟　周晓伟　　　责任编辑：高　伟　周晓伟　章承林　刘　源
责任校对：张勤思　马荣华　景　飞　　责任印制：单爱军
北京盛通数码印刷有限公司印刷
2025年9月第1版第1次印刷
184mm×260mm·11.75印张·260千字
标准书号：ISBN 978-7-111-78859-1
定价：59.80元

电话服务　　　　　　　　网络服务
客服电话：010-88361066　　机　工　官　网：www.cmpbook.com
　　　　　010-88379833　　机　工　官　博：weibo.com/cmp1952
　　　　　010-68326294　　金　书　网：www.golden-book.com
封底无防伪标均为盗版　机工教育服务网：www.cmpedu.com

前　言

在当前全球农产品安全与质量监管不断升级的背景下，本书为读者提供了全面而系统的知识和技术指南。随着人们对食品安全和健康的关注日益增强，农产品的安全与质量成为社会各界普遍关注的焦点。

本书从宏观角度阐述了农产品安全与质量的重要性，强调了它们与人民生活息息相关，以及在当前社会中所面临的挑战和风险。书中不仅介绍了绿色食品的定义，还深入探讨了影响农产品安全的各种因素，包括环境污染、农药残留、兽药残留、有害生物和化学物质污染等。

本书是校企合作双元教材，旨在全面介绍农产品安全与质量检测技术的重要性、基本原则、常见问题、技术方法、发展趋势等。书中系统地介绍了农产品安全与质量检测的技术。从传统的化学分析、物理检测到现代的免疫分析、聚合酶链式反应（PCR）技术等，涵盖了一系列科学、准确的检测方法，帮助读者全面了解并掌握农产品安全检测的关键技术。此外，本书还详细介绍了国内外农产品安全与质量监管的标准体系，不仅有助于读者了解监管环境的要求，而且能够更好地适应和遵守这些规定，确保农产品的合规性。

学习和掌握这些知识，将有助于提高农产品质量安全监管水平，保障人民群众的健康和利益，促进农产品产业的可持续发展。通过本书的学习和应用，广大读者将能够更加科学、严谨地进行农产品安全检测，从而更好地保护消费者的权益，促进农业的可持续发展，并共同构建一个安全、健康的食品供应体系。

本书共12个项目，由巴音郭楞职业技术学院的马慧、亚合甫·木沙担任主编，孙立、王芹、王艳萍担任副主编，参与本书编写的还有巴音郭楞蒙古自治州食品药品检验所的郭继娜、宋江，新疆冠农股份有限公司的王陈强，库尔勒市农产品质量安全检验检测中心的刘洁洁，天津渤海职业技术学院的王朝臣，石河子大学的毛晓英，新疆农业大学的巴吐尔·阿不力克木，廊坊职业技术学院的魏尊及巴音郭楞职业技术学院的马萍。另外，在本书编写过程中，编者参阅了国内外出版的有关教材和资料，得到了相关企业的有益指导，在此一并表示衷心感谢！

由于编者水平有限，书中难免存在不足之处，敬请广大读者、同行、专家提出宝贵意见，以便重印时修正。

编　者

全书视频资源总码

目 录

前言

项目一　认识标准 ...001

项目二　样品的采集、制备与预处理 ...007
 任务一　检测样品的采集与保存 ...007
  实训任务一　检验工作基本技能训练 ...010
  实训任务二　检测样品的采集 ...011
 任务二　果蔬产品样品的制备和预处理 ...013
  实训任务　果蔬产品样品的制备（以大白菜为例） ...018

项目三　感官检验 ...020
 实训任务一　味觉检验训练 ...024
 实训任务二　嗅觉检验训练 ...026
 实训任务三　无公害食品生鲜牛乳的感官检验 ...028
 实训任务四　绿色食品黄瓜的感官检验 ...029

项目四　物理检验 ...033
 任务一　相对密度的测定 ...033
  实训任务一　无公害生鲜牛乳相对密度的测定（密度计法） ...038
  实训任务二　蜂蜜相对密度的测定（密度瓶法） ...040
 任务二　固形物含量的测定 ...042
  实训任务　果蔬中固形物含量的测定（折射法） ...043

项目五　农产品一般成分的检验 ...047
 任务一　水分含量的测定 ...047
  实训任务　玉米种子中水分含量的测定（直接干燥法） ...048
 任务二　酸度的测定 ...050
  实训任务　柑橘果实中有机酸含量的测定（酸碱指示剂滴定法） ...052
 任务三　脂肪含量的测定 ...054
  实训任务　果蔬产品中脂肪含量的测定（索氏抽提法） ...055

任务四　还原糖含量的测定　　　　　　　　　　　　　　...057
　　　　实训任务一　葡萄果实中含糖量的测定　　　　　　　...058
　　　　实训任务二　稻米中淀粉含量的测定　　　　　　　　...061
　　任务五　蛋白质含量的测定　　　　　　　　　　　　　　...064
　　　　实训任务一　原料牛乳中蛋白质含量的测定　　　　　...066
　　　　实训任务二　乳品中蛋白质氮的测定　　　　　　　　...069
　　任务六　维生素含量的测定　　　　　　　　　　　　　　...071
　　　　实训任务　鲜枣中抗坏血酸的测定（2,6－二氯靛酚滴定法）...073
　　任务七　矿物质元素的测定　　　　　　　　　　　　　　...076
　　　　实训任务一　农产品中钙的测定（火焰原子吸收光谱法）...077
　　　　实训任务二　农产品中铜的测定（电感耦合等离子体质谱法）...080
　　　　实训任务三　农产品中硒的测定（荧光分光光度法）　...083

项目六　农产品中重金属的测定　　　　　　　　　　　　...091
　　任务一　铅的测定　　　　　　　　　　　　　　　　　　...091
　　　　实训任务　茶叶中铅的测定（火焰原子吸收光谱法）　...092
　　任务二　砷的测定　　　　　　　　　　　　　　　　　　...095
　　　　实训任务　食品中总砷的测定（氢化物发生原子荧光光谱法）...096
　　任务三　镉的测定　　　　　　　　　　　　　　　　　　...099
　　　　实训任务　食品中镉的测定（石墨炉原子吸收光谱法）...100
　　任务四　汞的测定　　　　　　　　　　　　　　　　　　...104
　　　　实训任务　食品中总汞的测定（原子荧光光谱法）　　...105

项目七　农产品中农药残留量的测定　　　　　　　　　　...110
　　任务一　有机磷农药残留量的测定　　　　　　　　　　　...110
　　　　实训任务　黄瓜中有机磷农药残留量的测定（气相色谱法）...111
　　任务二　有机氯农药残留量的测定　　　　　　　　　　　...114
　　　　实训任务　食品中有机氯农药残留量的测定（填充柱气相
　　　　　　　　　色谱－电子捕获检测器法）　　　　　　　...115

项目八 农产品中兽药残留量的测定 ...119
    实训任务 蜂王浆中四环素类抗生素残留量的测定 ...121

项目九 农产品中有毒有害添加物质的测定 ...126
    任务一 三聚氰胺的测定 ...126
    实训任务 鲜乳中三聚氰胺的测定（高效液相色谱法） ...126
    任务二 荧光物质的检测 ...131
    实训任务 食用菌中荧光物质的定性检测 ...131
    任务三 克伦特罗的测定 ...133
    实训任务 畜禽肉中克伦特罗的测定（高效液相色谱法） ...134
    任务四 矿物油的检测 ...137
    实训任务 大米中矿物油的快速检测（皂化法） ...138

项目十 农产品中生物毒素的测定 ...142
    任务一 黄曲霉毒素的测定 ...142
    实训任务 黄曲霉毒素 B 族和 G 族的测定（高效液相色谱－柱前衍生法） ...143
    任务二 玉米赤霉烯酮的测定 ...148
    实训任务 玉米中玉米赤霉烯酮的测定（液相色谱法） ...149

项目十一 放射性污染的基础认知及测定 ...155
    实训任务 番茄中放射性物质铯－137 的测定（γ 能谱测定法） ...157

项目十二 转基因产品的快速分析检测 ...162
    实训任务 转基因产品的检测（实时荧光 PCR 法） ...164

附 录 ...170
    附录 A 转基因成分筛选检测实时荧光 PCR 引物和探针 ...170
    附录 B 转基因植物品系特异性实时荧光 PCR 检测引物和探针 ...175

参考文献 ...182

01 项目一
认识标准

项目导学
- 食品标准是经过一定的审批程序，在一定范围内必须共同遵守的规定，是企业进行生产技术活动和经营管理的依据。因此，从事食品分析工作必须熟悉食品的相关标准。
- 根据标准性质和使用范围，食品标准可分为国际标准、国家标准、行业标准、地方标准和企业标准等。

项目目标
- 知识学习目标：了解至少3种国际标准，掌握4种我国标准，了解我国标准编号和代号及绿色食品的定义、分级及条件。
- 技能培养目标：准确识别国际标准、我国标准、绿色食品标准，能正确利用网络查找标准，掌握绿色食品标准的特点。
- 职业情感目标：养成科学严谨的态度和习惯，培养诚实守法的职业道德，增强社会责任感和公共意识，提高沟通协作能力，培养创新意识和环保意识。

◎ 相关知识

一、国际标准

1. ISO 标准

ISO 标准是国际标准化组织（ISO）制定的国际标准。国际标准化组织是当今世界上最大、最权威的非政府性标准化机构，它是由各国标准化团体组成的世界性联合会。

扫码看视频

2. CAC 标准

CAC 标准是联合国粮食及农业组织（FAO）和世界卫生组织（WHO）共同设立的食品法典委员会（CAC）制定的食品标准，是一套食品安全与质量的国际标准、食品加工的规范和准则，旨在保护消费者的健康，促进食品的国际贸易。

3. AOAC 标准

国际官方分析化学家协会（AOAC）成立于1884年，为非营利性质的国际化行业协会。AOAC 的宗旨在于促进分析方法及相关实验室品质保证的发展及规范化。AOAC 标准是其发布的一系列用于食品和环境样品分析的标准方法，广泛用于国际食品安全监测、质量控制等领域。

二、我国标准

根据适用的范围和审批程序，我国标准分为国家标准、行业标准、地方标准和企业标准四级；根据法律的约束性，分为强制性标准和推荐性标准两类；根据标准的性质，分为技术标准、管理标准和工作标准；根据标准化的对象和作用，分为基础标准、产品标准、方法标准、安全标准和卫生标准。

1. 标准的代号与编号

（1）国家标准的代号与编号　国家标准是全国范围内的统一技术要求，是四级标准体系中的主体，其他各级标准不得与之相抵触。国家标准由国务院标准化行政主管部门编制。强制性国家标准的代号为"GB"；推荐性国家标准的代号为"GB/T"。

国家标准的编号由国家标准代号、标准发布顺序号和标准发布年代号（4位数）组成，如GB（国家标准代号）XXXX（标准发布顺序号）—XXXX（标准发布年代号）

（2）行业标准的代号与编号　行业标准是指对没有国家标准而又需要在全国某个行业范围内统一技术要求所制定的标准。行业标准是对国家标准的补充，是专业性、技术性较强的标准。行业标准的制定不得与国家标准相抵触，国家标准公布实施后，相应的行业标准即行废止。

行业标准的代号由汉语拼音大写字母组成，依行业的不同而有所区别，如与食品工业相关的农业农村部发布的标准的代号为"NY"。如果为推荐性标准，同样在代号后添加"/T"字样。

行业标准的编号由行业标准代号、标准发布顺序号及标准发布年代号（4位数）组成。行业标准编号与国家标准编号的区别在代号上。

（3）地方标准的代号与编号　地方标准是指对没有国家标准和行业标准而又需要在省、自治区、直辖市范围内统一工业产品的安全、卫生要求所制定的标准，地方标准在本行政区域内适用，不得与国家标准和行业标准相抵触。国家标准、行业标准公布实施后，相应的地方标准即行废止。

强制性地方标准由汉字"地方标准"大写拼音字母"DB"加上省、自治区、直辖市行政区划代码的前两位数字构成，加上"/T"组成推荐性地方标准。例如，河南省强制性地方标准为"DB41"，推荐性地方标准为"DB41/T"。

地方标准的编号由地方标准代号、标准发布顺序号、标准发布年代号（4位数）组成，如河南省推荐性地方标准编号表示为：DB41/T XXX—XXXX。

（4）企业标准的代号与编号　企业标准是指企业所制定的产品标准和根据企业内需要协调与统一的技术要求、管理要求和工作要求所制定的标准。企业标准是企业组织生产、经营活动的依据。对已有国家标准、行业标准或地方标准的，鼓励企业制定严于国家标准、行业标准或地方标准要求的企业标准。企业标准一经制定颁布，即对整个企业具有约束性，是企业法规性文件，没有强制性企业标准和推荐性企业标准之分。

企业标准代号由"Q"加斜线再加上企业代号组成。企业代号可用汉语拼音字母或阿拉伯数字或两者兼用组成。

企业标准的编号由企业标准代号、标准发布顺序号和标准发布年代号（4位数）组成，表示为：Q/XXX XXXX—XXXX。

对于一个标准的各个部分，其表示方法为在同一标准顺序号下分成若干个独立部分，每个独立部分的编号用阿拉伯数字表示，用圆点与标准顺序号分开。

2. 食品安全标准

根据食品安全标准制定主体的不同，可将食品安全标准分为食品安全国家标准和食品安全地方标准。《中华人民共和国食品安全法》第二十九条规定，对地方特色食品，没有食品安全国家标准的，省、自治区、直辖市人民政府卫生行政部门可以制定并公布食品安全地方标准，报国务院卫生行政部门备案。食品安全国家标准制定后，该地方标准即行废止。

食品安全国家标准包括通用标准、产品标准、生产经营规范、检验方法与规程四大类。通用标准是从影响健康的因素出发，按照影响健康的因素的类别，制定出各种食品、食品相关产品的限量要求、使用要求或者标示要求。产品标准是从食品、食品添加剂、食品相关产品出发，按照产品的类别，制定出各种影响健康的因素的限量要求、使用要求或者标示要求。检验方法与规程标准包括理化检验方法标准、微生物检验方法标准和毒理学评价程序，以及相关规程，是我国食品安全标准体系中重要的组成部分。

三、绿色食品标准

1. 绿色食品的定义

绿色食品是遵循可持续发展原则，按照特定生产方式生产，经专门机构认定，许可使用绿色食品商标标志的无污染的安全、优质、营养类食品；由于与环境保护有关的事物在国际上通常都冠之以"绿色"，为了更加突出这类食品出自良好生态环境，因此定名为绿色食品。

绿色食品标志由3部分构成，即上方的太阳、下方的叶片和中心的蓓蕾，象征自然生态；颜色为绿色，象征着生命、农业、环保；图形为正圆形，意为保护；AA级绿色食品标志与字体为绿色，底色为白色，A级绿色食品标志与字体为白色，底色为绿色；绿色食品标志是指"绿色食品""Green Food"、绿色食品标志图形及这三者相互组合等十种形式，注册在以食品为主的共九大类食品上，并扩展到肥料等绿色食品相关类产品上。

绿色食品标志作为一种产品质量证明商标，其商标专用权受《中华人民共和国商标法》保护；标志使用是食品通过专门机构认证，许可企业依法使用。

绿色食品标志是在经权威机构认证的绿色食品上使用，以区分此类食品与普通食品的特定标志；该标志已作为我国第一例证明商标由中国绿色食品发展中心于1996年在国家工商行政管理局注册，受法律保护；绿色食品标志管理，即依据绿色食品标志证明商标特定的法律属性，通过该标志商标的使用许可，衡量企业的生产过程及其产品的质量是否符合特定的绿色食品标准，并监督符合标准的企业严格执行绿色食品生产操作规程、正确使用绿色食品标志的过程；依法管理绿色食品的机构是农业农村部中国绿色食品发展中心。

2. 绿色食品分级标准

（1）AA级绿色食品　生产产地的环境质量符合NY/T 391—2021《绿色食品　产地环境质量》；生产过程中不使用任何化学合成的农药、肥料、兽药、食品添加剂、饲料添加剂及其他有害于环境和身体健康的物质；按有机生产方式生产，产品质量符合绿色食品产品标准，经专门机构认定，许可使用AA级绿色食品标志的产品；在AA级绿色食品生产中禁止使用基因工程技术。

（2）A级绿色食品　生产产地的环境质量符合NY/T 391—2021《绿色食品　产地环境质量》；生产过程中严格按照绿色生产资料使用准则和生产操作规程要求，限量使用限定的化学合成生产资料；产品质量符合绿色食品产品标准，经专门机构认定，许可使用A级绿色食品标志的产品。

（3）两者的区别

1）为了和国际相关食品接轨，在标准上与其一致；目前AA级绿色食品标准已达到甚至超过国际有机农业运动联盟（IFOAM）的有机食品基本标准的要求，AA级绿色食品已具备了走向世界的条件，这是AA级绿色食品与A级绿色食品的根本区别。

2）在AA级绿色食品生产操作过程中禁止使用任何化学合成物质；而在A级绿色食品生产中允许限量使用限定的化学合成物质。

3）A级绿色食品产品包装上以绿底印白色标志，其防伪标签的底色为绿色；而AA级绿色食品包装上以白底印绿色标志，防伪标签的底色为蓝色。

3. 绿色食品应具备的条件

1）产品或产品原料产地必须符合绿色食品产地环境标准。

2）农作物种植、畜禽饲养、水产养殖及食品加工必须符合绿色食品生产操作规程。

3）产品必须符合绿色食品产品标准。

4）产品的包装、贮运必须符合绿色食品包装贮运标准。

申请绿色食品必须具备的前提条件，在绿色食品标准体系中有具体要求。

4. 制定绿色食品标准的重要作用

1）绿色食品标准是绿色食品质量认证和质量体系认证的基础。

2）绿色食品标准是开发绿色食品生产活动的技术、行为规范。

3）绿色食品标准是推广先进生产技术，提高农业及食品加工生产水平的指导性技术文件。

4）绿色食品标准是维护绿色食品生产者和消费者利益的技术和法律依据。

5）绿色食品标准是提高我国农产品及食品质量，促进产品出口创汇的技术目标依据。

6）绿色食品标准为我国加入世界贸易组织（WTO）以后，开展可持续农产品及有机农产品平等贸易提供了技术保障依据。

我国食品认证工作近期虽然进展较快，但仍存在很多问题，主要有标准体系不完善；现有标准体系与国际标准对接度差；违规生产经营问题严重；农业标准检测检验机构不健全，技术手段落后；管理监督工作不到位，执法不严。

5. 绿色食品标准和标准体系的特点

（1）绿色食品标准有 3 个突出特点

1）实行全过程质量控制。要求对绿色食品生产、管理和认证进行"从土地到餐桌"全过程质量控制和行为规范，既要求保证产品质量和环境质量，又要求规范生产操作和管理工作。

2）融入可持续发展的技术内容。绿色食品标准从发展经济与保护生态环境相结合的角度规范生产者的经济行为；在保证产品产量的前提下，最大限度地通过促进生物循环、合理配置资源，减少经济行为对生态环境的不良影响和提高食品质量，维护和改善人类生存和发展的环境。

3）有利于农产品国际贸易发展。AA 级绿色食品标准的制度完全符合国际有机农业运动联盟的标准框架和基本要求，并充分考虑了欧洲、美国、日本等国家和地区的有机农业及其农产品管理条例或法案的要求；A 级绿色食品标准制定也较多地采纳了国际食品法典委员会制定的 CAC 标准内容和欧盟标准，便于与国际相关标准接轨。

（2）绿色食品标准体系有 4 个鲜明特点

1）内容系统性。绿色食品标准体系是由产地环境标准、生产技术标准（包括生产资料使用准则、生产操作规程等）、产品标准、包装贮运标准等相关标准共同组成的，贯穿绿色食品生产的产前、产中、产后全过程。

2）制定科学性。绿色食品标准是中国绿色食品发展中心委托中国农业大学、中国农业科学院、农业农村部农产品质量安全中心等我国权威技术机构的上百位专家，经上千次试验、检测和查阅了国内外现行标准而制定的，目前有几十个绿色食品产品标准已作为农业农村部行业标准颁发。

3）指标严格性。绿色食品的标准无论从产品的感观性状、理化性状、生物性状都严于或等同于现行的国家标准，如大气质量采用国家一级标准、农残限量仅为有关国家和国际标准的 1/2。

4）控制项目多样性。绿色食品环境质量标准中的土壤指标、产品标准增加营养质量指标等项目，控制有害物质进入，保证了绿色食品质量。

6. 实行绿色食品标准的意义

绿色食品标准属推荐性标准范畴，依国家现行法规规定，申请取得了绿色食品认证标志的产品，必须按照食品行业标准实施规范性管理，是强制性的；要全面理解绿色食品标准及其标准之间关系；绿色食品是致力于保障食品安全、维护和改善生产环境、促进农业发展、造福子孙万代的系统工程。所以，绿色食品是社会主义现代化强国建设行列中的朝阳行业，只要我们共同努力，进一步规范绿色食品的全程质量管理，提高绿色食品的科技含量，就能推动绿色食品的开发，使绿色食品事业迈上新台阶。

课后习题

1．简述标准的定义和它在各领域（如经济、技术、社会、环境等）中的重要性。

2．国际标准、国家标准和绿色食品标准的基本概念是什么，它们的主要特征和目的是什么？

3．简述国际标准、国家标准和绿色食品标准的制定和发布过程。

4．对所涉及的特定国际标准、国家标准和绿色食品标准进行了深入学习，并理解了标准的具体内容和技术要求。

5．结合自己的专业或未来职业规划，探讨这些标准对未来工作有何影响。

项目二
样品的采集、制备与预处理

项目导学

- 农产品的种类繁多,成分复杂,同一种类的农产品,其成分及含量也会因品种、产地、栽培措施、成熟期、加工或保藏条件不同而存在相当的差异;同一分析对象的不同部位,其成分和含量也可能有较大差异。因此,从大量的、组成成分不均匀的被检物质中采集能代表全部被检物质的分析样品(平均样品),必须采用正确的采样方法。如果采取的样品不足以代表全部物料的组成成分,即使以后的样品处理、检测等一系列环节非常精密、准确,其检测的结果也毫无价值,甚至导出错误的结论。可见,采样是农产品分析工作非常重要的环节。

项目目标

- 知识学习目标:理解采样的概念、熟悉采样的原则、掌握样品制备方法。
- 技能培养目标:能使用四分法进行采样,能根据样品的特性对样品进行保存,基本掌握样品预处理的方法。
- 职业情感目标:养成科学严谨的态度和习惯,培养诚实守法的职业道德,增强社会责任感和公共意识,提高沟通协作能力,培养创新意识和环保意识。

任务一 检测样品的采集与保存

◆ 相关知识

一、样品的采集

1. 采样的概念

样品的采集简称采样,也称取样、拣样,是指从大量分析对象中抽取一部分作为分析材料的过程,所抽取的分析材料称为样品或试样。采样检验适用于批量较大、价值较低、质量特性较多且质量较稳定或具有破坏性的产品检验。

2. 采样的原则

(1)代表性原则 代表性是指采取的样品必须能代表全部的检测对象,代表产品整体。代表性原则要求被抽取的一部分样品必须具备整批产品的相同特征，以使鉴定结果能成为决定大量产品质量的主要依据。

（2）典型性原则　典型性原则是指被抽取的样品能反映整批产品在某些（个）方面的重要特征，能发现某种情况对产品质量造成的重大影响，如产品的变质、污染、掺杂及假冒劣质产品的鉴别。

（3）适时性原则　适时性原则是指针对组分、含量、性能、质量等会随时间或容易随时间的推移而发生变化的产品，要求及时、适时采样并进行鉴定，如新鲜果菜中各类维生素含量的鉴定及农药或杀虫剂残留量的鉴定等。

3. 采样的步骤

采集样品一般分5步，依次如下：

（1）获得检样　由分析的整批物料的各个部分采集的少量物料称为检样。

（2）形成原始样品　许多份检样综合在一起称为原始样品。如果采得的检样互不一致，则不能把它们放在一起做成一份原始样品，而只能把质量相同的检样混在一起，做成若干份原始样品。

（3）得到平均样品　原始样品经过技术处理后，再抽取其中一部分供分析检验用的样品称为平均样品。

（4）将样品平分为3份　3份样品分别作为检验样品（供分析检测使用）、复验样品（供复验使用）和保留样品（供备用或查用）。

（5）填写采样记录　采样记录要求详细填写采样的单位、地址、日期、样品的批号、采样的条件、采样时的包装情况、采样的数量、要求检验的项目，以及采样人等资料。

4. 采样的一般方法

采样的目的在于通过尽可能少的样本反映出的质量状况来统计推断整批产品的质量水平。如何抽取对该批产品具有代表性的样品，对准确评定整批产品的平均质量显得十分重要，是关系着生产者、消费者利益的大事。所以要正确选择采样方法，控制采样误差，以获取较为准确的检验结果。

采样通常有两种方法：随机采样和代表性取样。随机采样是按照随机的原则，从分析的整批物料中抽取出一部分样品，要求使整批物料的各个部分都有被抽到的机会；代表性取样则是用系统采样法进行采样，即已经掌握了样品随空间（位置）和时间变化的规律，按照这个规律采取样品，从而使采集到的样品能代表其相应部分的组成和质量，如对整批物料进行分层取样、在生产过程的各个环节取样、定期从货架上采取不同陈列时间的产品的取样等。

两种方法各有利弊。随机采样可以避免人为的倾向性，但是，在有些情况下，对难以混匀的产品（如黏稠液体、蔬菜等）的采样，仅仅使用随机采样法是不行的，必须结合代表性取样，从有代表性的各个部分分别取样。因此，采样通常采用随机采样与代表性取样相结合的方式。具体的取样方法，因分析对象性质的不同而异。

采样工作应按照国家标准或行业标准执行。

5. 采样的注意事项

1）一切采样工具（如采样器、容器、包装纸等）都应清洁、干燥、无异味，不应将任何杂质带入样品中。例如，检测微量和超微量元素时，要对容器进行预处理；制作锌测定的样品不能用含锌的橡皮膏封口；制作汞测定的样品不能使用橡皮塞；供微生物检验用的样品，应严格遵守无菌操作规程。

2）新鲜样品采集后，应立即装入聚乙烯塑料袋，扎紧袋口，以防水分蒸发。

3）测定重金属的果蔬样品，尽量避免使用不锈钢制品直接采取。

4）设法保持样品原有微生物状况和理化指标，在进行检测之前样品不得被污染，不得发生变化。例如，进行黄曲霉毒素 B_1 测定的样品，要避免阳光、紫外灯光照射以免黄曲霉毒素 B_1 发生分解。

5）感官性质极不同的样品，切不可混在一起，应分别包装，并注明其性质。

6）样品采集完后，应在 4h 之内迅速送往检测室进行分析检测，以免发生变化。

7）盛装样品的器具上要贴牢标签，注明样品名称、采样地点、采样日期、样品批号、采样方式、采样数量、分析项目及采样人。

8）填写蔬菜样品标签，为防止样品混淆，最好填写 2 份，1 份放入袋内，1 份扎在袋口。

9）采样结束应在现场逐项逐个检查，如采样记录表、样品登记表、样袋标签、样品、采样点位置图标记等有无缺项、漏项和错误，并及时补齐和修正。

二、样品的保存

采取的样品，为了防止其水分或挥发性成分散失及其他待测成分含量的变化（如光解、高温分解、发酵等），应在短时间内进行分析。如果不能立即分析，则应妥善保存，保存的原则是干燥、低温、避光、密封。

制备好的样品应放在密封洁净的容器内，置于阴暗处保存；易腐败变质的样品应保存在 0~5℃ 的冰箱里，保存的时间不宜过长，有些成分，如胡萝卜素、黄曲霉毒素 B_1、维生素 B_1 等容易发生光解，以这些成分作为分析项目的样品应在避光条件下保存。特殊情况下，样品中可以加入适量的不影响分析结果的防腐剂，或将样品置于冷冻干燥器内进行升华干燥保存。此外，样品保存环境要清洁干燥；存放的样品要按日期、批号、编号摆放，以便查找。

果蔬产品样品在保存时应遵循以下原则：

1）采样人员和被检单位代表共同确认样品的真实性、代表性和有效性。

2）将每份样品分别封存，粘贴封条。采样人员和被检单位代表分别在封条上签字盖章。

3）封样包装材料应清洁、干燥，不会对样品造成污染和伤害；包装容器应完整、结实，有一定抗压性。

4）蔬菜产品样品应放入冷藏箱或低温冰箱中保存，冷藏箱或低温冰箱应清洁、无化学药品等污染物。经匀浆处理后的样品短期保存2~3d后可放入冷藏箱中，长期保存应放在 −20℃低温冰箱中。

实训任务一　检验工作基本技能训练

一、任务目标

1）学会检测仪器的准备和使用。
2）掌握检测试剂的配制与标定。
3）学会检测数据的记录与整理、检测结果的计算。
4）学会检测报告单的填写。

二、任务实施

1. 材料用具

1）玻璃器皿、分析天平、检测仪器。
2）化学试剂、基准物质。
3）记录纸、报告纸。

2. 方法步骤

（1）玻璃器皿的准备　使用毛刷、洗液、自来水和蒸馏水等工具和试剂对玻璃器皿进行清洗。确保玻璃器皿表面无残留污渍、油污或化学试剂，达到试验要求的清洁标准。

（2）分析天平的使用　提前半小时开机预热，进行校准，开展称量操作。要注意保持天平内部清洁，定期检查天平水平状态，避免过载称量。

（3）溶液配制　先计算所需溶质和溶剂的用量，准确称量或量取试剂，注意溶解过程的事项，采用已知浓度的标准溶液进行比较标定，并计算标定后的溶液浓度。

（4）数据整理　对原始数据进行分类、汇总，按照计算规则和数据修约规则，如有效数字的保留、四舍五入的规则等，对数据进行处理。

（5）检测报告　根据检测结果撰写检测报告，包括检测目的、检测方法、检测结果、结论等内容。

3. 注意事项

1）操作中注意仪器设备的使用安全和操作安全。
2）严格按规范操作。
3）实事求是地读数和记录。

任务评价

任务考核评价单

项目			班级			
工作任务			姓名		学号	
序号	任务及技术要求	评分标准	学生自评 10%	小组评价 10%	教师评价 60%	企业评价 20%
1	玻璃器皿的准备 15 分	清洗后的玻璃器皿内壁无水珠挂附，外壁水珠均匀分布，无明显水迹				
2	分析天平的使用 15 分	能够正确进行天平的开机、关机操作，称量过程中无误操作，使用后能够清理天平，保持天平干净无尘				
3	溶液配制 20 分	溶液配制准确，浓度符合试验要求，标定过程无误，记录标定结果				
4	数据整理 20 分	数据记录完整无误，计算过程中遵循正确的计算规则，结果准确无误				
5	检测报告 30 分	检测报告单填写完整，包括所有必要的试验数据和计算结果，报告内容清晰、逻辑性强，无遗漏				
得分：						
教师签字：					年	月

实训任务二 检测样品的采集

一、任务目标

1）采集检测样品时，应从大量的分析对象中抽取具有代表性的一部分样品作为分析样品。因此，采集的样品必须具有代表性，采样过程中要设法保持样品原有的理化指标，以确保检测结果和结论的正确性。

2）通过技能训练，使学生掌握农产品检测样品的采集方法。

二、任务实施

1. 材料用具

1）谷物类、水果蔬菜类、油脂类、乳品类。

2）采样工具、贮样瓶（盒）、标签纸、记录本。

2. 方法步骤

（1）采集检样　先确定采样点数，由整批待检农产品的各个部位分别取少量的样品。

（2）采集原始样品　把许多份检样混合在一起，构成能代表该批农产品的原始样品。

（3）采集平均样品　将原始样品经过处理（混合均匀），按一定的方法（如四分法）和程序抽取一部分作为最后的检测材料。

（4）装瓶（盒）　将采集的平均样品装入贮样瓶（盒），密封。

（5）制作标签　在特定的标签纸上填写样品编号、采集地点、采集时间、采样人等内容。

（6）采样记录　在记录本上记录采样单位、地址、日期、产品批号、样品编号、采样条件、包装情况、采样数量、现场卫生状况、运输情况、贮藏条件、外观、检测项目、采样人员、被采样单位负责人（现场代表）等内容。

（7）样品的保存　根据不同样品的特性，在相应的条件下保存。

3. 注意事项

1）要根据检测项目的要求，确定采样的数量，避免浪费。

2）采集的样品要立即进行检测，不能立即检测的要对样品进行制备或预处理。

3）标签上的样品编号要与记录本上记录的样品编号一致，避免混淆不清。

4）作为执法依据的检测样品，必须有被采样单位的人员在标签或密封条上签字认可。

任务评价

任务考核评价单

项目			班级			
工作任务			姓名		学号	
序号	任务及技术要求	评分标准	学生自评 10%	小组评价 10%	教师评价 60%	企业评价 20%
1	采集检样 15分	采样点数合理，能够代表整体样品的特性，分布均匀，无遗漏				
2	采集原始样品 15分	原始样品采集无误，无污染，数量充足，能够满足分析需求				
3	采集平均样品 20分	正确运用四分法等分样技术，分样过程无损失，平均样品量符合要求				
4	装瓶（盒） 20分	容器选择适当，无污染，装瓶（盒）操作规范，密封性好，无泄漏				
5	制作标签 10分	标签信息完整，包括样品编号、采样点、采样日期、检测项目等，字迹清晰，不易脱落				

（续）

序号	任务及技术要求	评分标准	学生自评 10%	小组评价 10%	教师评价 60%	企业评价 20%
6	采样记录 10分	记录详尽，包括采样时间、方法、人员、环境条件等，无遗漏				
7	样品的保存 10分	保存方法正确，符合样品特性，样品在有效期内无变质，保存条件记录准确				
得分：						
教师签字：					年 月	

任务二　果蔬产品样品的制备和预处理

相关知识

一、样品的制备

按采样规程采取的样品往往数量较多、颗粒较大，而且组成也不均匀。为了确保分析结果的正确性，必须对采集到的样品进行适当的制备，以保证样品均匀，使在分析时采取任何部分都能代表全部样品的成分。

样品的制备是指对采取的样品进行分取、粉碎、混匀等处理工作。样品的制备方法因产品类别不同而异。

（1）液体、浆体或悬浮液体　一般将样品摇匀，充分搅拌。常用的简便搅拌工具是玻璃搅拌棒，还有带变速器的电动搅拌器，可以任意调节搅拌速度。

（2）固体样品　应用切细、粉碎、捣碎、研磨等方法将样品制成均匀可检状态。质地软的样品（如水果、蔬菜）可取可食部分放入组织捣碎机中捣匀。各种机具应尽量选用惰性材料，如不锈钢、合金材料、玻璃、陶瓷、高强度塑料等。

为控制颗粒度均匀一致，可采用标准筛过筛。标准筛为金属丝编制的不同孔径的配套过筛工具，可根据分析的要求选用。过筛时，要求全部样品都通过筛孔，未通过的部分应继续粉碎并过筛，直至全部样品都通过为止，而不应该把未过筛的部分随意丢弃，否则将造成产品样品中的成分构成改变，从而影响样品代表性。经过磨碎过筛的样品，必须进一步充分混匀。固体油脂应加热熔化再混匀。

（3）罐头　水果罐头在捣碎前须清除果核，常用的捣碎工具有高速组织捣碎机等。

在样品制备过程中，应注意防止易挥发性成分的逸散和避免样品组成和理化性质发生变化。制作微生物检验的样品，必须根据微生物学的要求，按照无菌操作流程制备。

二、样品的预处理

农产品的成分很复杂，既含有蛋白质、糖、脂肪、维生素及因污染引入的有机农药等大分子的有机化合物，也含有钾、钠、钙、铁等各种无机元素。这些组分往往通过各种作用力以复杂的结合态或络合态形式存在。当应用某种方法对其中某种组分的含量进行测定时，其他组分常给测定带来干扰，为了保证分析工作顺利进行，得到准确的分析结果，必须在测定前破坏样品中各组分之间的作用力，使被测组分游离出来，同时排除干扰组分；此外，有些被测微量组分，如污染物、农药、黄曲霉毒素等，由于含量很少，很难检测出来，为了准确地测出它们的含量，必须在测定前对样品进行富集或浓缩。以上这些操作过程统称为样品的预处理。

进行样品的预处理，要根据检测对象、检测项目选择合适的方法。总的原则是排除干扰，完整保留被测组分并使之浓缩，以获得满意的分析结果。常用的方法有以下几种：

1. 有机物破坏法

有机物破坏法主要用于产品中无机元素的测定，产品中的无机盐或金属离子，常与蛋白质等有机物质结合，成为难溶、难离解的有机金属化合物，从而失去其原来的特性。要测定其中金属离子或无机盐的含量，须在测定前破坏有机结合体，释放出被测组分，以便分析测定。通常可采用高温或高湿及强氧化条件使有机物质分解，呈气态逸散，而被测组分留下来，根据具体操作条件不同，有干法灰化、湿法消化和微波消解技术3种。

（1）干法灰化 这是一种用高温灼烧的方式破坏样品中有机物的方法，因而又称为灼烧法。除铅、锑、汞、砷外的大多数金属元素和部分非金属元素的测定都可用本方法处理样品。其原理是将定量的样品置于坩埚中加热，使其中的有机物脱水、炭化、分解、氧化之后，再置于高温的灰化炉（马弗炉）中灼烧灰化，一般温度为500~550℃，使有机成分彻底分解为二氧化碳、水和其他气体而挥发，直至残渣为白色或浅灰色为止，所得的残渣即为无机成分，可供测定用。

本方法的优点是有机物破坏彻底、操作简便、使用试剂少、空白值较低；但操作时间较长、温度较高，汞、砷、铅等挥发性元素挥发损失大。对有些元素的测定，必要时可加助灰化剂。

（2）湿法消化 本方法通过向样品中加入氧化性强酸（如浓硝酸、浓硫酸和高氯酸），并结合加热消煮，有时还要加一些氧化剂（如高锰酸钾、过氧化氢）或催化剂（硫酸铜、硫酸汞、二氧化硒、五氧化二钒等），以便样品中的有机物完全分解、氧化，呈气态逸出，而待测成分则转化为离子状态保留在消化液中，供测试用。

本方法的优点是分解速度快、时间短，因加热温度比干法灰化低，减少了金属挥发逸散的损失；但是消化过程中产生大量有害气体，须在通风橱中操作，试剂用量较大，空白值高。本方法常用于某些极易挥发散失的物质的测定，测定除汞外大部分金属元素都能得到良好的结果。

（3）微波消解技术　本方法利用微波的穿透性和激活反应能力，加热密闭容器内的试剂和样品，可使制样容器内压力增加，反应温度升高，从而大大提高了反应速率。

本方法的特点为缩短制备时间，控制反应条件，减少对环境的污染。使用时将样品与浓硝酸、过氧化氢共热，直至样液透明。本方法适用于任何样品，尤其是高油样品。

2. 蒸馏法

蒸馏法是利用液体混合物中各组分挥发度不同进行分离的方法。本方法具有分离和净化双重效果。根据样品中待测定成分性质的不同，常采用以下几种蒸馏方式：

（1）常压蒸馏　当被蒸馏的物质受热后不发生分解或沸点不太高时，可在常压下进行蒸馏，常压蒸馏装置比较简单。加热方法要根据被蒸馏物质的沸点和特性来选择。如果沸点不高于90℃，则需用油浴、沙浴、盐浴或石棉浴；如果被蒸馏物质不易爆炸或燃烧，可直接加热，最好垫以石棉网，以保证加热均匀和安全。当被测物质的沸点高于150℃时，则需使用空气冷凝管进行冷凝。

（2）减压蒸馏　当蒸馏物质在常压下蒸馏容易发生分解或其沸点太高时，可以采用减压蒸馏。减压装置通常使用水泵或真空泵。

（3）水蒸气蒸馏　某些物质沸点较高，直接加热蒸馏时，因受热不均易引起局部炭化；还有些被测成分，当加热到沸点时可能发生分解。这些成分的提取，可用水蒸气蒸馏。水蒸气蒸馏就是用水蒸气加热水和与水互不相溶的混合液体，使具有一定挥发度的被测组分与水蒸气按分压成比例地从溶液中一起蒸馏出来。

（4）分馏　当需要分离两种或两种以上互溶组分而且沸点相差很小时，可用分馏的方法进行分离。分馏是蒸馏的一种，是将液体混合物在一个设备内进行多次部分汽化和部分冷凝，将液体混合物分离为各组分蒸馏过程。

3. 溶剂提取法

在同一溶剂中，不同的物质具有不同的溶解度。利用样品各组分在某一溶剂中溶解度的差异，将各组分完全或部分地分离的方法，称为溶剂提取法或萃取（广义）。溶剂提取法很多，常用的方法是浸提法、萃取法（狭义）。

（1）浸提法　用适当的溶剂从固体样品中将某种待测成分浸提出来的方法称为浸提法，又称液－固萃取法。

（2）萃取法　狭义的萃取法又叫溶剂分层法、液－液萃取法，是利用某组分在两种互不相溶的溶剂中分配系数的不同，使其从一种溶剂转移到另一种溶剂中，而与其他组分分离的方法。本方法分层迅速，分离效果好，应用广泛；但萃取试剂通常易燃、易挥发，且有毒性。

4. 色层分离法

色层分离法又称色谱分离法，是在载体上进行物质分离的一系列方法的总称。根据分离原理的不同，色层分离法可分为吸附色谱分离法、分配色谱分离法和离子交换色谱分离法等。这类分离方法分离效果好，尤其对一系列有机物质的分析测定，色层分离具有独特的优点，近年来在农产品分析中应用越来越广泛。

（1）吸附色谱分离法　利用经活化处理的聚酰胺、硅胶、硅藻土、氧化铝等吸附剂所具有的适当的吸附能力，对被测成分或干扰组分进行选择性吸附而进行的分离称为吸附色谱分离法。

（2）分配色谱分离法　这种方法是根据不同物质在两相间的分配比不同进行的色谱分离。两相中流动的一相称为流动相，固定不动的另一相称为固定相，被分离的组分在流动相沿着固定相移动的过程中，由于不同物质在两相中的分配比不同，当作为流动相的溶剂渗透在固定相中并向上扩展时，这些物质在两相中的分配作用反复进行，从而达到分离的目的。

（3）离子交换色谱分离法　离子交换色谱分离法是利用离子交换剂与溶液中的离子之间发生的交换反应进行分离的色谱分离方法，可分为阳离子交换和阴离子交换两种。在样品分析中，可应用离子交换色谱分离法制备无氨水、无铅水。离子交换色谱分离法还常用于分离较为复杂的样品。

5. 硫酸磺化法和皂化法

硫酸磺化法和皂化法是除去油脂或处理含脂肪样品时常用的方法，也用于农药分析中样品的净化。

（1）硫酸磺化法　本方法的原理是油脂遇到浓硫酸就发生磺化，浓硫酸与脂肪和色素中的不饱和键起加成作用，形成可溶于硫酸和水的强极性化合物，不再被弱极性的有机溶剂溶解，从而使脂肪被分离出来，达到分离净化的目的。用浓硫酸处理样品提取液再用水清洗，可有效地除去脂肪、色素等干扰杂质。

本方法操作简单、快速，有多重净化的效果，但用于农药分析时，仅限于在强酸介质中稳定的农药提取液的净化，回收率在 80% 以上。

利用浓硫酸处理过的硅藻土层析柱，使待净化的样品抽提液通过，以磺化样液中的油脂，这是比较常用的净化方法。也可以不使用硅藻土而把浓硫酸直接加在样品溶液里振摇和分层处理，以磺化除去样品中的油脂，称为直接磺化法。

（2）皂化法　本方法是用热碱溶液处理样品提取液，以除去脂肪等干扰杂质。其原理是利用氢氧化钾-乙醇溶液将脂肪等杂质皂化除去，以达到净化目的。本方法仅适用于对碱稳定的农药（如狄氏剂、艾氏剂）提取液的净化。在用荧光光度法测定肉、鱼、禽类及其熏制品的3,4-苯并芘时，也可使用皂化法（向样品中加入氢氧化钾回流皂化2h）除去样品中的脂肪。

6. 沉淀分离法

沉淀分离法是利用沉淀反应进行分离的方法。在试样中加入适量的沉淀剂，使被测组分沉淀下来，或将干扰组分沉淀下来，经过过滤或离心将沉淀与母液分开，从而达到分离目的。例如，测定冷饮中糖精钠含量时，可在试剂中加入碱性硫酸铜，将蛋白质等干扰杂质沉淀下来，而糖精钠仍留在试液中，经过滤除去沉淀后，取滤液进行分析。又如，用氢氧化铜或碱性乙酸铅将蛋白质从溶液中沉淀下来，经过滤除去沉淀后，将沉淀消化并测定其中的氮量，据此可以断定样品中的纯蛋白质的含量。

在进行沉淀分离时，应注意溶液中要加入的沉淀剂的选择。所选沉淀剂应不会破坏待测样品中沉淀析出的物质，否则达不到分离提取的目的。沉淀后，要选择适当的分离方法，如过滤、离心分离或蒸发等。这要根据溶液、沉淀剂、沉淀析出物质的性质和试验要求来决定。沉淀操作中，经常伴随有 pH、温度等条件要求，这一点应注意。

7. 掩蔽法

本方法是利用掩蔽剂与样品溶液中干扰成分作用，使干扰成分转变为不干扰测定状态，即被掩蔽起来。运用这种方法可以不经过分离干扰成分的操作而消除其干扰作用，简化分析步骤，因而在农产品分析中应用十分广泛，常用于金属元素的测定。例如，二硫腙比色法测定铅时，在测定条件（pH 为 9）下，Cu^{2+}、Cd^{2+} 等对测定有干扰，可加入氰化钾和柠檬酸铵进行掩蔽，消除它们的干扰。

8. 浓缩法

农产品的样品经提取、净化后，有时净化液的体积较大，在测定前需进行浓缩，以提高待测成分的浓度。常用的浓缩方法有常压浓缩法和减压浓缩法 2 种。

（1）常压浓缩法　本方法是最常用的方法，主要用于待测组分为非挥发性的样品净化液的浓缩，通常采用蒸发皿直接挥发，若要回收溶剂，则可用一般蒸馏装置或旋转蒸发器。本方法的优点是简便、快速、易推广。

（2）减压浓缩法　本方法主要用于待测组分为热不稳定或易挥发的样品净化液的浓缩，通常采用 K-D 浓缩器。浓缩时，水浴加热并抽气减压。本方法浓缩温度低、速度快、被测组分损失少，特别适用于农药残留量分析中样品净化液的浓缩。

三、样品缩分

果蔬样品要经缩分分为正样与副样。副样分类保存，正样按要求加工。具体做法如下：

1）大白菜等大型蔬菜样品采用对角线分割法缩分。先用清水将样品洗净，晾至无水分后（注意，用于农残检测项目的不能水洗），垂直放置，中间部分横切，然后上下部分分别进行对角线切割，除去非可食部分后，取所需量的样品。蔬菜检测的可食部位见表 2-1。

表 2-1　蔬菜检测的可食部位

样品名称	检测部位
番茄、茄子等	去蒂供测
黄瓜等	去果柄供测
萝卜、胡萝卜等	叶、根（用水轻轻洗去根泥，稍晾干）分别供测
大白菜、小白菜等	去根、去外侧腐叶供测

2）小型叶菜样品应采用随机取样法缩分。先用清水将样品洗净晾至无水分后,将整株植物（可食部分）粗切后混合均匀,随机抽取所需量的样品。

实训任务　果蔬产品样品的制备（以大白菜为例）

一、任务目标

以大白菜为例,对场地准备、工具容器准备、样品缩分、四分法取样保存等环节开展技能实训,使学生掌握果蔬产品样品的采集方法。

二、任务实施

1. 材料用具

1）切碎用具。新鲜样品适用,如不锈钢食品加工机、聚乙烯塑料食品加工机、高速组织分散机、硅制刀、不锈钢切刀、不锈钢剪刀等。

2）磨碎用具。干样品适用,如不锈钢磨、旋风磨、玛瑙研钵、无色聚乙烯塑料薄膜、白色搪瓷盘等。

3）分装用具。具塞磨口玻璃瓶、具塞无色聚乙烯塑料瓶、具塞玻璃瓶等容器,以及无色聚乙烯塑料袋等,规格视量而定。

2. 方法步骤

（1）新鲜样品制备　取样品,用干净纱布轻轻擦去样品上的泥沙等附着物,采用对角线分割法,取对角部分,将其切碎,充分混匀,用四分法取样或直接用组织捣碎机捣碎,混合均匀成待测试样;含纤维较多的样品,如根、茎秆、叶片等,不能用捣碎机捣碎,可用不锈钢刀或不锈钢剪刀切成碎片,混合均匀成待测试样,放入分装容器中,备用。

（2）干样品（一般用于重金属的测定）制备　称取将新鲜样品用四分法取样后剩余部分一定量的样品,放在铺有无色聚乙烯塑料薄膜的白色搪瓷盘中,放入鼓风干燥箱中于105℃加热15min杀酶,然后在60~70℃条件下干燥24~48h。干燥后的样品,放入干燥器内,待冷却到室温后,称量,计算样品的含水量。然后将样品用不锈钢磨、旋风磨或玛瑙研钵进行加工,使全部样品通过40~60目（孔径为250~425μm）尼龙筛,混合均匀后制成待测试样,放入分装容器中,备用。

3. 注意事项

1）工作场地应通风、整洁、无扬尘、无易挥发化学物质。

2）制样中,采样时的果蔬样品标签与果蔬始终放在一起,防止混淆。制样所用工具处理1份样品后应冲洗或擦洗1次,严防交叉污染。

任务评价

任务考核评价单

项目			班级			
工作任务			姓名		学号	
序号	任务及技术要求	评分标准	学生自评 10%	小组评价 10%	教师评价 60%	企业评价 20%
1	选择场地 15 分	工作场地通风良好,干净整洁,无尘埃飞扬,无易挥发化学物质的干扰,符合安全和卫生标准				
2	样品制备 15 分	所选工具和容器适用于样品类型,无污染风险,符合分析测试的要求,且维护得当				
3	方法步骤 40 分	样品缩分操作规范,四分法取样正确无误,样品量满足分析需求,无损失和污染				
4	标签制作 20 分	标签内容完整,包括样品名称、编号、采样时间、采样地点、分析项目等,字迹清晰,标签粘贴牢固				
5	样品保存 10 分	样品保存方法恰当,遵循样品保存的规定,样品在规定的条件下保存,无变质、无污染,保存期限符合要求				
得分:						
教师签字:					年	月

课后习题

1. 采样的原则有哪些?
2. 果蔬产品样品在保存时应遵循哪些原则?

项目三
感官检验

项目导学
- 农产品的感官检验是凭借人体自身的感觉器官，即凭借眼、耳、鼻、口（包括唇和舌头）和手所具有的视觉、听觉、嗅觉、味觉和触觉，结合平时积累的实战经验，并借助一定的仪器，对农产品的色、香、味、组织状态和硬度等质量特性及食品的质量状况和卫生状况做出客观评价的方法。

项目目标
- 知识学习目标：掌握食品感官分析术语及其基础，包括味觉、嗅觉、视觉、听觉的检验方法。熟悉食品感官鉴评对人员、环境等的要求。掌握鉴评方法在实际生产中的应用。
- 技能培养目标：培养学生掌握食品感官评价及感官分析的基本方法。通过进行感官技能训练，学会鉴别并评价食品的品质。
- 职业情感目标：培养学生的职业道德、责任感、公正性和对质量的关注。

相关知识

感官检验是农产品检验的重要方法之一，它快速、灵敏、简便、易行。感官检验不仅能直接观察出农产品感官性状宏观上出现的异常，而且尤其重要的是，当农产品的感官性状只发生微小变化，甚至这种变化轻微到用仪器的方法都难以发现时，通过人的感觉器官，如嗅觉、味觉等则能给出应有的鉴别。因此，农产品的感官检验有着理化检验和微生物检验所不能替代的优越性。在农产品的产品标准及卫生标准中，感官检验常作为第一项检验内容。

一、感官检验的基础知识

农产品质量的优劣最直接地表现在它的感官性状上，所以通过感官指标的鉴别，即可直接判断出食品品质的优劣。对于感官指标不合格的产品，如食品中混有杂质、异物，发生霉变、沉淀等不良变化，不需要再进行其他理化检验，可直接判断为不合格。

由于农产品的感官性状变化程度很难具体衡量，同时由于鉴别者客观条件不同及主观态度各异，尤其在对食品感官性状的鉴别判断有争议时，往往难以下结论。因此，在需要借助感官鉴别方法来裁定食品的优劣时，如评比名优食品等，通常邀请对食品性状熟悉、感觉器官正常、无不良嗜好、有鉴别经验的人员进行，以减少个人的主观性和片面性。而对食品品质的评价，在感官检验不能做出判断时，则需结合理化检验和微生物检验的结论做出判断。

总之，感官检验在农产品生产的质量控制、农产品的贮藏和保鲜、新产品开发、市场调查等方面具有重要的意义和作用。

1. 感官检验的分类

（1）按检验使用的感官分类

1）视觉检验法。这是用人的视觉器官对农产品的外观形态、色泽和透明度等进行观察，从而对农产品的新鲜程度、农产品是否有不良改变，以及蔬菜、水果的成熟度等做出评价的方法。

视觉检验是判断农产品质量的一个重要手段。视觉检验应在白昼的散射光下进行，以免灯光隐色发生错觉。检验时应注意整体外观、大小、形态、块形的完整程度、清洁程度、表面有无光泽、颜色的深浅、色调等。在检验液体食品时，要将它注入无色玻璃器皿中，透过光观察，也可将瓶子颠倒过来，观察有无夹杂物下沉或絮状物悬浮。

2）嗅觉检验法。这是用人的嗅觉器官对农产品的气味进行识别，评价农产品质量（如纯度、新鲜度或劣变程度）的方法。

人的嗅觉器官相当敏感，甚至用仪器分析的方法不一定能检查出来的轻微变化，用嗅觉检验却能够发现。当食品发生轻微的腐败变质时，就会有不同的异味产生，如油脂变质产生的酸败而有哈喇味，西瓜变质会带有苦味等。食品的气味是一些具有挥发性的物质形成的，所以在进行嗅觉检验时常需要稍稍加热。在鉴别食品的异味时，可将液态食品滴在清洁的手掌上摩擦，以增加气味的挥发；识别畜肉等大块食品时，可将一把尖刀稍微加热并刺入深部，拔出后立即嗅闻气味。

食品气味检验的顺序应当是先识别气味淡的，后识别气味浓的，以免影响嗅觉的灵敏度。并且检验前禁止吸烟。

3）味觉检验法。这是用人的味觉器官品尝食品的滋味和风味来鉴别食品品质优劣的方法。味觉检验主要用来评价食品的风味（风味由食品的香气、滋味、入口获得的香气和口感综合构成），也是识别某些食品是否酸败、发酵的重要手段。

味觉检验是食品感官检验的重要内容，味觉器官可以很敏感地察觉食品中极微小的变化。味觉器官的敏感性与食品的温度有关，在进行食品滋味鉴别时，最好使食品处于20~45℃，以免温度的变化增强或降低对味觉器官的刺激。对几种不同味道的食品进行感官评价时，应当按照刺激性由弱到强的顺序进行。在进行大量样品鉴定时，中间必须休息，每鉴别一种食品之后必须用温水漱口。

味觉检验食品质量时，常将滋味分类为甜、酸、苦、辣、涩、浓淡、碱味及不正常味等。

4）触觉检验法。这是凭借人的触觉器官（手、皮肤）所产生的反应来鉴别食品的脆性、软硬、弹性、干湿、凉热、黏度等，以评价食品品质优劣的方法，也是一种常用的感官检验方法。例如，根据鱼体肌肉的硬度和弹性，常常可以判断鱼是否新鲜；评价动物油脂的品质常需鉴别其稠度等。感官测定食品的硬度（稠度）时，要求温度应为15~20℃，因为温度的升降会影响食品的形态改变。

5）听觉检验法。这是凭借人的听觉器官对声音的反应来检验农产品品质的方法。听觉鉴定可以评判农产品的成熟度、新鲜度、冷冻程度等。

（2）按检验与主观因素的关系分类　感官检验按其所检验的质量特性是否受主观因素影响，可分为分析型感官检验和偏爱型感官检验两类。

1）分析型感官检验。这种类型是把人的感官作为一种分析仪器，来测定农产品的质量特性或鉴别农产品之间的差异。例如，农产品的质量检验、产品评优等都属于这种类型。

分析型感官检验是将人的感官作为仪器使用。因此，应排除人的主观因素影响或尽可能减少人的主观影响，提高检验的重现性，在检验中必须注意以下3点：

①评价基准的标准化。在用感官测定农产品的品质质量特性时，对于每一个测定评价项目都需要有明确的评价尺度和评价基准物，使结果统一和具有可比性。

②试验条件的规范化。在感官检验中，检验结果很容易受环境影响。因此试验条件应该规范化，以防试验结果受环境、条件的影响而出现大的波动。

③评价员的选定。参加分析型感官检验的评价员，应经过适当的选择和训练，以维持在一定的水平上。

2）偏爱型感官检验。与分析型感官检验相反，它是以农产品为工具来了解人的感官反应及倾向，如在新产品开发中对试制品的评价，或在市场调查中使用的感官检查均属此类型。

偏爱型感官检验不需要统一的评价标准及条件，而依赖人们的生理及心理上的综合感觉，即人的感觉程度和主观判断起着决定性作用，其检验结果受生活环境、生活习惯、审美观点等多方面因素的影响而因人、因时、因地而异。可见，分析型感官检验是评价员对食品的客观评价，而偏爱型感官检验完全是一种主观的行为，它反映的是不同群体的偏爱倾向，所以有助于食品的开发、研制和生产。

2. 农产品质量感官检验应遵循的原则

感官检验农产品的质量时，要着眼于对农产品各方面的指标进行综合性考评，尤其要注意感官检验的结果，必要时参考检验数据，做全面分析，以期得出合理、客观、公正的结论。应遵循的原则如下：

1）国务院有关部委和省、市农业行政部门颁布的农产品检验法规是检验各类农产品质量的主要依据。

2）农产品检验结论必须明确，不得含糊不清。

3）在进行农产品综合性检验前，应向有关单位或个人收集该农产品的有关资料，寻找可疑环节，为上述检验结论提供必要的正确判断基础。

4）农产品质量监督管理人员和其他进行感官检验的人员，必须具有健康的体魄，健全的精神素质，无不良嗜好、偏食和变态性反应，并应具有丰富的专业知识和感官检验经验。

5）检验人员自身的感觉器官机能良好，对色、香、味的变化有较强的分辨力和较高的灵敏度。

6）非农产品专业人员在检验农产品感官性状时，除具有正常的感觉器官外，还应对所选购的农产品有一般性的了解，或对该农产品正常的色、香、味、形具有习惯性经验。

二、感官检验的基本要求

农产品的感官检验过程不仅受客观条件的影响，也受主观条件的影响。客观条件包括外部环境条件和样品制备，主观条件则涉及参与感官检验人员的基本条件。因此，外部环境条件（特别是感官实验室的条件）、检验人员和样品的准备是感官评价得以顺利进行并获得理想结果的 3 个必备要素。

1. 感官实验室的条件

农产品感官鉴别既可以在实验室进行，又可以在购物现场进行，还可以在评比、鉴定会场进行。但比较规范的鉴别是在实验室进行的。感官实验室应隔音、整洁、无异味，室内墙壁宜用白色涂料，给检验人员以舒适感，使其注意力集中。感官实验室常布置 3 个独立的区域，即办公室、样品准备室和检验室。检验室还应设集体工作区，用于检验员之间的讨论。检验室内应分隔成几个间隔。每个间隔内设有检验台和传递样品的小窗口，以及简易的通信装置，检验台上装有洗漱盘和水龙头，用来冲洗品尝后吐出的样品。

2. 检验人员的选择

偏爱型感官检验和分析型感官检验对检验人员的要求不同。偏爱型检验人员的任务是对果蔬产品进行可接受性评价，检验员可由任意的未经训练的人组成，人数不少于 100 人，这些人必须在统计学上能代表消费者总体，以保证试验结果的代表性和可靠性。分析型检验的任务是鉴定农产品的质量，检验人员必须具备一定的条件并经过挑选测试。

3. 样品的准备

1）样品数量。每种样品应该有足够的数量，保证有 3 次以上的品尝次数，以提高结果的可靠性。

2）样品温度。视果蔬产品的饮食习惯而定。

3）盛样品的器皿。应洁净无异味，器皿的颜色、大小应该一致。如果条件允许，尽可能使用一次性器皿。

4）样品的编号和提供顺序。感官检验是靠主观感觉判断的，从测定到形成概念之间的许多因素（如嗜好与偏爱、经验、广告、价格等）都会影响评价结果，为减少这些因素的影响，通常采取双盲法进行检验。即由工作人员对样品进行密码编号，样品的编号位数不能太少，否则使人容易记忆，也容易引起猜测。因此，应该以多位数（3~5 位）随机编号。检验样品的顺序也应随机化。

5）应为评价人员准备一杯温水。温水用于漱口，以除去口中样品的余味，然后再接着品尝下一个样品。如果农产品的余味很浓、很辛辣、很油腻，则可用茶水漱口。

4. 检验时间的选择

感官检验宜在饭后 2~3h 内进行，避免过饱或饥饿状态。要求评价员在检验前 0.5h 内不得吸烟，不得吃强刺激性食物。

三、感官检验的方法

我国已经颁布多个关于感官分析方法的国家标准，如 GB/T 12310—2012《感官分析方法　成对比较检验》、GB/T 12311—2012《感官分析方法　三点检验》、GB/T 12312—2012《感官分析　味觉敏感度的测定方法》、GB/T 12314—1990《感官分析方法　不能直接感官分析的样品制备准则》、GB/T 12315—2008《感官分析　方法学　排序法》、GB/T 39558—2020《感官分析　方法学"A"–"非A"检验》等，为农产品感官检验的实践提供了标准化、科学化的指南。在农产品感官检验实践中应参照执行。

扫码看视频

实训任务一　味觉检验训练

味觉是可溶性呈味物质溶解在口腔中，对味感受体进行刺激后产生的反应，酸、甜、苦、咸是味感中的基本味道。一般情况下，检测人员从滋味的正异、浓淡、持续长短来评价农产品滋味的好坏。

一、任务目标

1）通过训练，使学生了解影响味觉的因素，学会味的识别技术，判定农产品滋味的正常与否。
2）学会味觉感官检验技能。
3）掌握滋味的识别训练、配偶试验、三点检验的方法。

二、任务实施

1. 材料用具

1）蔗糖、食盐、柠檬酸、硫酸奎宁、谷氨酸钠等呈味物质，蒸馏水。
2）玻璃杯、记录表。

2. 方法步骤

（1）滋味的识别训练　对于液体样品，饮一小口试液含于口中（勿咽下），做口腔运动使试液接触整个舌头，辨别味道后吐出，用温水漱口，休息 5min，再品下一个试样。对于其他样品，应细心咀嚼、品尝，然后吐出，用温水漱口，休息 5min，再品下一个试样。

（2）滋味的配偶试验　向评价员（学生）提供 5 种样品和 2 杯蒸馏水，共 7 杯试样，要求评价员选择出与甜、咸、酸、苦、鲜味相对应的试样（表3-1）。

表3-1 配偶试验法味觉训练测评

溶液	浓度/（mg/100mL）	味	评价员的答案	答案正否
0.4% 蔗糖	400	甜		
0.13% 食盐	130	咸		
0.05% 柠檬酸	50	酸		
0.0004% 硫酸奎宁	0.4	苦		
0.05% 谷氨酸钠	50	鲜		
蒸馏水		无味		
蒸馏水		无味		

注：A组样品数为5个，B组样品数为7个，在5%的显著性水平上，要求评价员能正确判断3个，才表明他对味道是有判断能力的。

（3）滋味的三点检验 向评价员（学生）同时提供一组3个编码样品，其中有2个样品是相同的，要求学生挑出其中的单个样品。试验时每人领取一组（3个试液杯为一组），由左至右依次品尝，体会感觉，记录品尝结果（表3-2）。

表3-2 三点检验法味觉训练测评

组号	3个样品的编号	单个样品的编号	答案正否

任务评价

任务考核评价单

项目			班级			
工作任务			姓名		学号	
序号	任务及技术要求	评分标准	学生自评 10%	小组评价 10%	教师评价 60%	企业评价 20%
1	滋味的识别训练 20分	能正确品尝。识别、漱口、休息时间得当				
2	滋味的配偶试验 30分	能正确品尝并做出匹配判断				
3	滋味的三点检验 30分	能正确品尝并做出选择				

（续）

序号	任务及技术要求	评分标准	学生自评 10%	小组评价 10%	教师评价 60%	企业评价 20%
4	结果记录 20 分	原始数据记录准确、完整，书写工整美观				
得分：						
教师签字：					年	月

实训任务二　嗅觉检验训练

一、任务目标

1）通过训练，使学生了解影响嗅觉的因素，学会描述气味，并根据不同的气味特征辨别农产品。

2）学会嗅觉感官检验技能。

3）能进行香味的识别训练、气味描述。

二、任务实施

1. 材料用具

1）柠檬油、橘子油、薄荷油、水杨酸甲酯。

2）香兰素、苯甲醛（均为 10% 乙醇溶液）。

3）红糖、五香粉、咖喱粉、胡椒粉、茶叶、茴香粉。

4）无水乙醇（质量分数 =99.8%）。

5）深棕色小试剂瓶 12 个。

6）5mL 移液管 2 支。

2. 方法步骤

（1）样品的制备　对于液态嗅味样品，吸取 1mL 样液置于深棕色瓶中，再加 9mL 无水乙醇（质量分数 =99.8%），混合即可。嗅味样品分别放在深棕色瓶内，并且避免试验者看出瓶中样品的颜色和形态，每个样品以随机三位数编号，分别置于试验桌上。

（2）气味的辨别　在白瓷盘中放 12 个分别装有柠檬油、橘子油、薄荷油、水杨酸甲酯、香兰素、苯甲醛、红糖、五香粉、咖喱粉、胡椒粉、茶叶、茴香粉有编号的深棕色小试剂瓶。从左至右依次拿取试剂瓶，打开瓶盖，使瓶口接近鼻子（不要太靠近）。用手在瓶口轻轻往鼻子方向扇动，轻轻吸气，辨别溢出的气味。记录样品的号码、气味描述，并根据气味辨别出样品名称。

（3）气味的描述　尽可能对气味进行描述，如柠檬油可描述为橘子皮、柠檬气味；薄荷油可描述为牙膏、口香糖或薄荷味；香兰素可描述为可可味等。重复以上操作，并记录结果。

（4）结果记录　嗅觉检验记录见表3-3。

表3-3　嗅觉检验记录

姓名_____　日期_____

第1次			第2次		
样品号	嗅觉	气味描述	样品号	嗅觉	气味描述

3. 注意事项

1）辨别气味时，如果吸气过度或吸气次数过多，都会引起嗅觉疲劳，而嗅觉疲劳又较难恢复，所以应限制样品试验的次数，使其尽可能少。

2）初次试验的目的是学会辨别气味的方法，并非要求每次试验的结果都准确无误。

3）样品嗅闻顺序安排可能会对试验结果产生影响，连续闻同一种类型的气味会使嗅觉很快疲劳，因此样品顺序应合理安排。

4）如果样品量很少或者气味刺激性很强，可以将嗅纸片（约100mm长、5mm宽的滤纸）浸入样品，使沾有样品的纸片靠近鼻子，闻其气味。

任务评价

任务考核评价单

项目			班级				
工作任务			姓名			学号	
序号	任务及技术要求	评分标准	学生自评10%	小组评价10%	教师评价60%	企业评价20%	
1	气味的辨别 40分	能正确使用鼻子吸气，辨别并记录					
2	气味的描述 40分	能对所闻到的气味进行描述，描述语言准确、不空洞，与实际情况相符合					
3	结果记录 20分	原始数据记录准确、完整，书写工整美观					
得分：							
教师签字：						年　　月	

实训任务三　无公害食品生鲜牛乳的感官检验

无公害食品生鲜牛乳的感官指标见表 3-4。

表 3-4　无公害食品生鲜牛乳的感官指标

项目	指标
色泽	呈乳白色或稍带微黄色
组织状态	呈均匀的胶态流体，无沉淀，无凝块，无肉眼可见杂质和其他异物
滋味与气味	具有新鲜牛乳固有的香味，无其他异味

一、任务目标

1）熟悉无公害食品生鲜牛乳的感官指标。
2）学会感官检验技能。

二、任务实施

1. 材料用具

50mL 烧杯、150mL 锥形瓶、电热板（或电炉）。

2. 方法步骤

（1）色泽和组织状态的检验　取适量试样置于 50mL 烧杯中，在自然光下观察色泽和组织状态。

（2）滋味和气味的检验　取适量试样置于 150mL 锥形瓶中，闻气味，加热至 70~80℃，冷却至 25℃时，用温开水漱口后，再品尝样品的滋味。不可吞食生鲜牛乳。

（3）数据记录　在检验进行的同时，认真填写检验原始记录。

（4）结果评定　对照无公害食品生鲜牛乳的感官指标，对检验样品进行感官评定，并记录（表 3-5）。

表 3-5　无公害食品生鲜牛乳的检验原始记录

检测日期：_____
样品名称：_____　规格：_____　样品状态：_____
检测依据：_____

项目	生鲜牛乳感官特征	结论
色泽		
组织状态		
滋味与气味		

备注：
检验人：　　　　　　　　　　校核人：

任务评价

任务考核评价单

项目			班级		
工作任务			姓名		学号

序号	任务及技术要求	评分标准	学生自评 10%	小组评价 10%	教师评价 60%	企业评价 20%
1	色泽和组织状态的检验 40 分	需在自然光下观察，查看样品色泽并记录，查看组织状态并记录，不得吞咽				
2	滋味和气味的检验 40 分	闻气味，记录感觉；品尝样品，并记录滋味				
3	结果记录 20 分	原始数据记录准确、完整，书写工整美观				
得分：						
教师签字：					年	月

实训任务四　绿色食品黄瓜的感官检验

绿色食品黄瓜的技术要求：原料产地环境要求必须符合绿色食品产地的环境标准；感官要求应符合表 3-6 的规定。

表 3-6　绿色食品黄瓜的感官要求

品质	规格	限度
同一品种，成熟适度，新鲜脆嫩，果形、果色良好，清洁；无腐烂、畸形、异味、冷害、冻害、病虫害和机械伤	大：单果重≥200g 中：单果重≥150g 小：单果重≥100g	每批样品不符合品质要求的，按重量计不得超过 5%，其中腐烂、异味、有病虫害的不得检出，不符合该重量规格的不得超过 10%

一、任务目标

1) 熟悉绿色食品黄瓜的感官要求。
2) 学会果蔬感官检验技能。

二、任务实施

1. 材料用具

检验台、开箱钳、台秤（感量为 1g）、不锈钢刀。

2. 方法步骤

（1）整件样品称重　检验时先将抽取的样品逐件称重，每件重量须基本一致，不得低于包装外标注的重量。然后逐件打开，取出黄瓜平放在检验台上，不得重叠，进行个体检验。检验应在收购 5d 内完成。用两台台秤检测黄瓜单果重的限度，其中一台将重量刻度固定在该规格单果重的下限，另一台重量刻度固定在该规格单果重的上限，称量后得到小于该规格下限及大于该规格上限的不合格个数，求出不合格果的百分率。

（2）品种特征检验　果形、果色、清洁度、病虫害、机械伤、腐烂的检验采用目测法鉴定。病虫害症状不明显者，应取样瓜剖开检验。

（3）瓜条成熟度、新鲜脆嫩程度的检测　取样瓜剖开后目测和口尝。

（4）瓜条弯曲度的检测　用直尺测量（图 3-1）。

（5）数据记录　在检验进行的同时，认真填写检验原始记录。每批黄瓜抽样检验时，对不符合该规格标准的黄瓜，在记录单上做各项记录。如果果实同时出现几种缺陷，按一个残次果计算。百分率保留一位小数。计算公式如下：

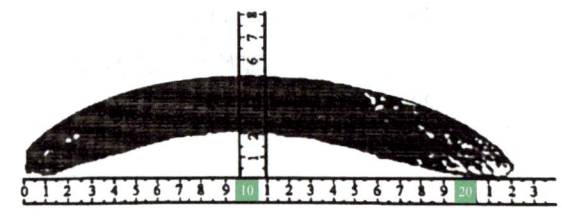

图 3-1　用直尺测量弯曲度（单位：cm）

$$X = \eta/N \times 100\%$$

式中　X——单项不合格百分率（%）；

　　　η——单项不合格数，单位为个；

　　　N——检验批次总个数，单位为个。

各单项不合格品百分率之和即为总不合格品百分率。

（6）结果评定　对照绿色食品黄瓜的感官要求，对检验样品进行感官评定，并记录（表 3-7）。其中一项及以上不符合感官要求的均判为不合格。

表 3-7　绿色食品黄瓜的感官检验原始记录

检测日期：_____
样品名称：_____　规格：_____　样品状态：_____
检测依据：_____

项目		黄瓜感官特征	结论
品质	成熟度		
	新鲜脆嫩程度		
	果色		
	果形		
	病虫害		
	机械伤		

（续）

项目		黄瓜感官特征	结论
品质	清洁		
	异味		
	冻害		
	冷害		
	腐烂		
规格	每件样品质量/（g/件）	检测值：	
		标识值：	
	每个包装内黄瓜的个数/个		
	黄瓜的平均果重/g	检测值：	
		外包装标识规格：	
不合格率（%）	不符合品质要求	检测值：	
		标准值：5%	
	不符合腐烂、异味、病虫害要求	检测值：	
		标准值：10%	

备注：

检验人：　　　　　　　　校核人：

任务评价

任务考核评价单

项目		班级			
工作任务		姓名		学号	
序号	任务及技术要求	评分标准	学生自评 10%	小组评价 10%	教师评价 60%	企业评价 20%
1	整件样品称重 10分	称重结果准确无误，误差控制在允许范围内，称量设备校准得当，使用前后均进行了适当的清洁和维护				
2	品种特征检验 20分	检验过程全面细致，能够准确识别和记录样品的各种特征和潜在问题，无遗漏，记录清晰、完整				

（续）

序号	任务及技术要求	评分标准	学生自评 10%	小组评价 10%	教师评价 60%	企业评价 20%
3	瓜条成熟度、新鲜脆嫩程度的检测 20 分	检测方法科学合理，结果准确反映瓜条的实际成熟和新鲜状态，检测过程中无损伤样品，记录翔实				
4	瓜条弯曲度的检测 20 分	测量准确，方法得当，能够正确反映瓜条的弯曲程度，数据记录准确无误，分析合理				
5	果重检测 20 分	称重准确，操作规范，结果可靠，记录详尽，包括果实数量、平均重量、总重量等信息				
6	数据记录 10 分	准确性、完整性和可靠性				
得分：						
教师签字：					年	月

课后习题

一、填空题

1．感觉评定良好的实践原则中必备的四要素是_____、_____、_____和_____。
2．感官实验室应布置3个独立区域：办公室、_____和_____。

二、简答题

1．食品感官检验的方法有哪些？
2．感觉的基本规律有哪些？
3．嗅觉疲劳有哪些特征？
4．简单描述月饼的感官特征。
5．举例说明各种感官评价在果蔬产品质量检验中的应用。

三、技能训练

查阅相关标准，制定绿色食品番茄的感官检验方案。

项目四 物理检验

项目导学
- 根据农产品的相对密度、折射率等物理常数与食品的组分及含量之间的关系进行检测的方法称为物理检验法。物理检验法是农产品质量检测及食品工业生产中常用的检测方法。

项目目标
- 知识学习目标：掌握相对密度和折射率的基本概念及原理，理解它们在食品理化检验中的应用背景和重要性。
- 技能培养目标：能够正确操作密度计和折射仪，掌握测定步骤和注意事项，确保测定结果的准确性和可靠性。
- 职业情感目标：培养严谨、细致的工作作风，对食品理化检验工作保持高度的责任心和敬业精神。

任务一 相对密度的测定

 相关知识

一、密度与相对密度

密度是指物质在一定温度下单位体积的质量，以符号 ρ 表示，其单位为 g/cm³。相对密度是指某温度下物质 R 的质量与同体积某一温度下水的质量之比，以符号 d 表示。

因为物质一般都具有热胀冷缩的性质，所以密度和相对密度的值都随温度而改变。所以密度应标示出测定时物质的温度，表示为 ρ_t，如 ρ_{20}。相对密度应标示出测定时物质的温度及水的温度，表示为 $d_{t_2}^{t_1}$，如 d_4^{20}，其中 t_1 表示物质的温度，t_2 表示水的温度。

密度和相对密度虽有不同的含义，但两者之间有如下关系：

$$d_{t_2}^{t_1} = \frac{t_1\text{温度下物质的密度}}{t_2\text{温度下水的密度}}$$

水在 4℃时的密度为 1.000000g/cm³，物质在某温度下的密度 ρ_t 和物质在同一温度下对 4℃水的相对密度 d_4^t 在数值上相等，两者在数值上可以通用。所以为方便起见，常用

d_4^{20}，即物质在20℃时的质量与同体积4℃水的质量之比来表示物质的相对密度，其数值与物质在20℃时的密度相等，即

$$d_4^{20} = \frac{20℃物质的质量}{4℃同体积水的质量}$$

当用密度瓶或液体相对密度天平测定液体的相对密度时，以测定溶液对同温度水的相对密度比较方便。通常测定液体在20℃时的相对密度，以d_{20}^{20}表示。

因为水在4℃时的密度比水在20℃时的密度大，所以对同一溶液来说，d_{20}^{20}大于d_4^{20}。d_{20}^{20}和d_4^{20}之间可以用下式换算：

$$d_4^{20} = d_{20}^{20} \times 0.99823$$

式中　0.99823——水在20℃时的密度，单位为g/cm³。

同理，若要将$d_{t_2}^{t_1}$换算为$d_4^{t_1}$，可按下式计算：

$$d_4^{t_1} = d_{t_2}^{t_1} \times \rho_{t_2}$$

式中　ρ_{t_2}——为溶液在t_2℃时的密度。

二、测定相对密度的意义

相对密度是物质重要的物理常数。各种液态食品都具有一定的相对密度，当其组成成分及浓度发生改变时，其相对密度往往也随之改变。通过测定液态食品的相对密度，可以检验食品的纯度和浓度，以及判断食品的质量。

蔗糖、乙醇（酒精）等溶液的相对密度随溶液浓度的增加而升高，通过试验已将蔗糖、乙醇浓度与相对密度的关系制成数表，只要测得蔗糖溶液或乙醇溶液的相对密度便可查出相应浓度。

牛乳的相对密度与其脂肪、乳糖及矿物质等含量有关，一般为1.028~1.032，脱脂牛乳的相对密度会升高；掺水牛乳相对密度则会降低。

油脂的相对密度与其脂肪酸的组成有关，不饱和脂肪酸含量越高，脂肪的不饱和度越高，油脂的相对密度就越高，油脂酸败相对密度也升高。不同类型植物油的相对密度范围大致为不干性植物油0.913~0.925、半干性植物油0.920~0.935、干性植物油0.923~0.943。

由液态食品的相对密度可以初步判断食品的质量状况。但应该注意，用测定相对密度的方法反映食品质量的适用范围是有限定条件的，通常是在组成相对恒定的食品（如牛乳、植物油等）或单一组分溶液（如蔗糖溶液、乙醇溶液等）的情况下使用。当食品组成复杂时，影响食品相对密度的因素增加，食品含量与相对密度的关系也变得复杂。当食品的相对密度异常时，可以肯定食品的质量有问题，但当食品的相对密度正常时，并不能肯定食品的质量无问题，还必须配合其他理化检验，才能确定食品的质量。

三、密度瓶法测定液态食品的相对密度

1. 工作中使用的主要仪器

1）密度瓶。密度瓶是测定液体相对密度的专用精密仪器，是容积固定的玻璃称量瓶，其种类和规格有多种。常用的有带温度计的精密密度瓶（图4-1）和带毛细管的普通密度瓶，容积有 20mL、25mL、50mL、100mL 4 种规格，但常用的是 25mL 和 50mL 两种。

2）电热恒温干燥箱。

3）干燥器，内附有效干燥剂。

4）分析天平，感量为 0.1mg。

2. 测定原理

密度瓶具有一定的容积，在一定温度下，用同一密度瓶分别称量等体积的样品溶液和蒸馏水的质量，两者之比即为该样品溶液的相对密度。

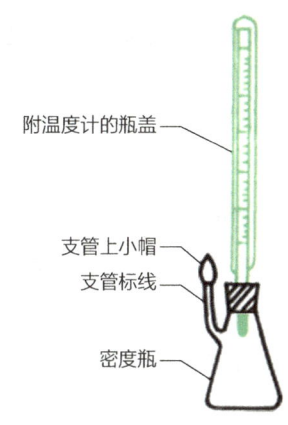

图 4-1 带温度计的精密密度瓶

3. 工作程序、操作技术及质量要求

（1）密度瓶洗涤、称重　先把密度瓶洗干净，再依次用乙醇、乙醚洗涤，烘干并冷却后精密称重。

（2）样液恒温、称重　将密度瓶装满样液盖上盖，置于 20℃水浴内浸 0.5h，使内容物的温度达到 20℃，用滤纸吸去支管标线上的样液，盖上支管上小帽后取出。用滤纸把瓶外擦干，置于天平室内 30min 后称重。

（3）蒸馏水恒温、称重　将密度瓶中样液倾出，洗净密度瓶，装入煮沸 30min 并冷却到 20℃以下的蒸馏水，置于 20℃水浴内浸 0.5h，使内容物的温度达到 20℃，用滤纸吸去支管标线上的水，盖上支管上小帽后取出。用滤纸把瓶外擦干，置于天平室内 30min 后称重。

（4）数据处理　液态食品的相对密度按下式计算：

$$d^{20}_{20} = \frac{m_1 - m_0}{m_2 - m_0}$$

$$d^{20}_{4} = d^{20}_{20} \times 0.99823$$

式中　　m_0——密度瓶的质量，单位为 g；

m_1——密度瓶和样液的质量，单位为 g；

m_2——密度瓶和水的质量，单位为 g；

0.99823——水在 20℃时的密度，单位为 g/cm³。

（5）测定结果报告　将检测结果填写在检验结果报告单中，在检测过程中及时将原始数据按要求填写在原始数据记录单中。

4. 注意事项及常见技术问题处理

1）本方法适用于测定各种液体食品的相对密度，特别适合于样品量较少的场合，对

挥发性样品也适用，结果准确，但操作较烦琐。

2）测定较黏稠样液时，宜使用带毛细管的普通密度瓶。

3）水及样品必须装满密度瓶，瓶内不得有气泡。

4）拿取已达恒温的密度瓶时，不得用手直接接触密度瓶球部，以免液体受热流出。应戴隔热手套拿取瓶颈或用工具夹取。

5）水浴用水必须清洁、无油污，防止瓶外壁被污染。

6）天平室温度不得高于20℃，以免液体膨胀流出。

四、密度计法测定液态食品的相对密度

1. 工作中使用的主要仪器——密度计

密度计（图4-2）是根据阿基米德原理制成的，种类很多，但结构和形式基本相同，均由玻璃外壳制成。头部呈球形或圆锥形，里面灌有铅珠、水银或其他重金属，使其能立于溶液中，中部是胖肚空腔，内有空气所以能浮起，尾部是一细长管。内附有刻度标记（利用各种不同密度的液体标度）。

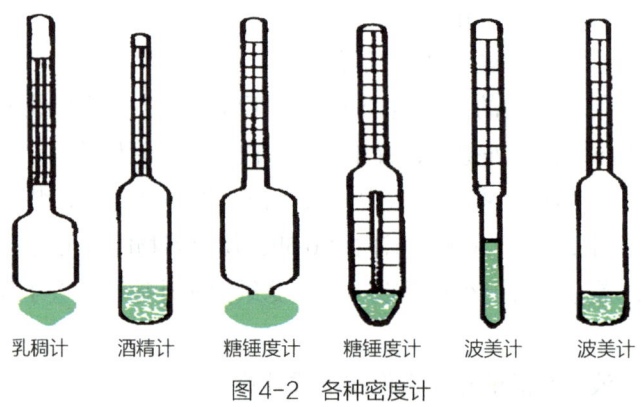

图4-2 各种密度计

食品工业中常用的密度计按其标度方法的不同，可分为普通密度计、乳稠计、酒精计等。

（1）普通密度计（图4-3） 普通密度计是直接以20℃时的密度值为刻度的。通常由几支密度计组成一套，每支的刻度范围不同，刻度值小于1（0.700~1.000）的称为轻表，用于测量比水轻的液体。刻度值大于1（1.000~2.000）的称为重表，用来测量比水重的液体。

（2）乳稠计 乳稠计是专用于测定牛乳相对密度的密度计，测量相对密度的范围为1.015~1.045。它是将相对密度减去1.000后再乘以1000作为刻度，以°表示，其刻度范围为15°~45°。使用时把测得的读数按下式换算为相对密度值。

图4-3 普通密度计

$$d_4^{20} = \frac{X}{1000} + 1.000$$

式中 d_4^{20}——样品的相对密度；

X——乳稠计读数。

当使用20℃/4℃乳稠计，温度为20℃时，测得值代入上式，即可直接计算相对密度；不为20℃时，通过查表4-1换算成20℃时的度数，然后再代入上式计算。

乳稠计按其标度方法不同分为两种：一种是按20℃/4℃标定的，另一种是按15℃/15℃标定的。两者的关系是后者读数是前者读数加2，即

$$d_{15}^{15} = d_4^{20} + 0.002$$

表4-1 乳稠计读数变为温度为20℃时的度数换算

乳稠计读数	生乳温度/℃															
	10	11	12	13	14	15	16	17	18	19	20	21	22	23	24	25
25	23.3	23.5	23.6	23.7	23.9	24.0	24.2	24.4	24.6	24.8	25.0	25.2	25.4	25.5	25.8	26.0
26	24.2	24.4	24.5	24.7	24.9	25.0	25.2	25.4	25.6	25.8	26.0	26.2	26.4	26.6	26.8	27.0
27	25.1	25.3	25.4	25.6	25.7	25.9	26.1	26.3	26.5	26.8	27.0	27.2	27.5	27.7	27.9	28.1
28	26.0	26.1	26.3	26.5	26.6	26.8	27.0	27.3	27.5	27.8	28.0	28.2	28.5	28.7	29.0	29.2
29	26.9	27.1	27.3	27.5	27.6	27.8	28.0	28.3	28.5	28.8	29.0	29.2	29.5	29.7	30.0	30.2
30	27.9	28.1	28.3	28.5	28.6	28.8	29.0	29.3	29.5	29.8	30.0	30.2	30.5	30.7	31.0	31.2
31	28.8	28.0	29.2	29.4	29.6	29.8	30.0	30.3	30.5	30.8	31.0	31.2	31.5	31.7	32.0	32.2
32	29.3	30.0	30.2	30.4	30.6	30.7	31.0	31.2	31.5	31.8	32.0	32.3	32.5	32.8	33.0	33.3
33	30.7	30.8	31.1	31.2	31.5	31.7	32.0	32.2	32.5	32.8	33.0	33.3	33.5	33.8	34.1	34.3
34	31.7	31.9	32.1	32.3	32.5	32.7	33.0	33.2	33.5	33.8	34.0	34.3	34.4	34.8	35.1	35.3
35	32.6	32.8	33.1	33.3	33.5	33.7	34.0	34.2	34.5	34.7	35.0	35.3	35.5	35.8	36.1	36.3
36	33.5	33.8	34.0	34.3	34.5	34.7	34.9	35.2	35.6	35.7	36.0	36.2	36.5	36.7	37.0	37.3

（3）酒精计 酒精计是用以测量乙醇（酒精）浓度的密度计，是用已知乙醇浓度的纯乙醇溶液来标定的，以20℃时在蒸馏水中为0，在1%乙醇溶液中为1，即100mL乙醇溶液中含乙醇1mL，所以从酒精计上可以直接读取乙醇溶液的体积百分浓度。

当测定温度不是20℃时，需根据乙醇浓度和温度浓度校正表，换算为20℃的实际乙醇浓度。

例如：25.5℃时直接读数为96.5，查校正表，20℃时实际浓度为95.35%。

要注意酒精计刻度的特殊性：刻度上大下小，因其浓度越大相对密度越小。

2. 操作方法

将混合均匀的被测量样液沿筒壁徐徐注入适当容积的清洁量筒中，注意避免起泡沫。将酒精计洗净（不能沾有油脂），用滤纸擦干，慢慢垂直插入样液中，使其缓缓下沉直至稳定地悬浮在液体中，再将其稍微按下，使酒精计部分计杆湿润，然后升到平衡位置，待酒精计静止时（注意不使酒精计重锤与量筒壁相靠）读出标示刻度。

同时用温度计测量样品温度，如果不是标准温度，应对测得值加以校正。

3. 注意事项及常见技术问题处理

1）操作时应注意不得让密度计接触量筒的壁及底部，待测液中不得有气泡。

2）读数时须两眼平视，并与液面保持水平，观察液面所在处的刻度值，以弯月面下缘为准；若液体颜色较深，不易看清弯月面下缘，则以观察弯月面上缘为准。

实训任务一　无公害生鲜牛乳相对密度的测定（密度计法）

一、任务目标

1）掌握密度计法测定生乳相对密度的原理和方法。
2）学会密度计法测定生乳相对密度的操作技能。

二、任务实施

1. 材料用具

1）密度计（乳稠计），20℃/4℃。
2）玻璃圆筒或 200~250mL 量筒。圆筒高度应大于密度计的长度，其直径应使在沉入密度计时其周边和圆筒内壁的距离不小于 5mm。

2. 方法步骤

（1）样液准备及其温度测量　取混匀并调节温度至 10~25℃ 的试样，沿筒壁徐徐注入清洁玻璃圆筒（或量筒）内，勿使其产生泡沫并测量试样温度。

（2）密度计读数　将密度计洗净擦干，缓缓放入样液中，待其静止后，到相当刻度 30° 处，然后让其自然浮动，但不能与筒内壁接触。静置 2~3min，眼睛平视生乳液面的高度，读取数值。

（3）测定结果表述　当生乳温度为 20℃ 时，将密度计读数代入前边所述公式计算；生乳温度不为 20℃ 时，要查表 4-1 换算成 20℃ 时的度数，然后代入前边所述公式计算。

（4）测定结果报告　填写检测结果，在检测过程中及时将原始数据按要求填写在原始数据记录单中（表 4-2）。

表 4-2 无公害生鲜牛乳相对密度的测定原始数据记录单

样品名称		样品编号		样品质量 /g	
检测地点		检测项目		检测依据	
仪器型号名称			检测日期		
生乳温度 /℃	乳稠计读数 X（°）	20℃时乳稠计的度数（°）	生乳的相对密度		
			d_4^{20}（测定值）	d_4^{20}（标准值）	
				1.028~1.032	
计算公式					
备注:					
检验人:		校核人:			

任务评价

任务考核评价单

项目			班级		
工作任务			姓名		学号
序号	任务及技术要求	评分标准	学生自评 10%	小组评价 10%	教师评价 60%	企业评价 20%
---	---	---	---	---	---	---
1	样液准备 20 分	样品混合均匀，无可见气泡或分层现象，溶液清晰透明。如果有气泡或分层，扣分				
2	温度测量 20 分	温度测量准确，误差控制在 ±0.1℃ 以内。记录的温度数据需真实可靠，如有误差或虚假记录，扣分				
3	密度计读数 20 分	密度计读数准确，无误差，且能正确估读一位小数。读数时眼睛位置不正确或估读不准确，扣分				
4	测定结果表述 20 分	换算准确，计算无误，能正确表述测定结果。换算或计算错误，扣分				
5	测定结果报告 20 分	报告单填写完整，字迹清晰，数据准确无误，按时提交。如果有遗漏、错误或延迟提交，扣分				

得分：

教师签字：　　　　　　　　　　　　　　　　　　　　　　　年　　月

实训任务二　蜂蜜相对密度的测定（密度瓶法）

一、任务目标

1）掌握液态农产品（以蜂蜜为例）的相对密度测定方法。
2）正确使用带温度计的精密密度瓶进行操作。
3）准确记录试验数据并进行有效分析。

二、任务实施

1. 材料用具

带温度计的精密密度瓶，100mL 容量瓶、移液管等。

2. 方法步骤

（1）样品制备　用移液管准确量取待检测蜂蜜 10mL，移入 100mL 的容量瓶，用水反复洗涤移液管，将洗液注入容量瓶，直至移液管中的蜂蜜洗净，加水定容至刻度。此稀释液中每毫升含待测蜂蜜 0.1mL。

（2）密度瓶质量的测定　将密度瓶洗净、干燥、称量，反复操作，直至恒重。

（3）密度瓶和蒸馏水质量的测定　将煮沸冷却至 15℃的蒸馏水注满恒重的密度瓶，插上带有温度计的瓶塞，立即浸于（20±0.1）℃的高精度恒温水浴中 30min，待内容物温度达到 20℃，盖上瓶盖，用滤纸吸去支管标线以上的水，盖好支管上小帽后取出。用滤纸将密度瓶外擦干，置于天平室内 0.5h 后称量。

（4）密度瓶和样品质量的测定　将水倒去，用样品反复冲洗密度瓶 3 次，然后装满制备的样液，按同样操作重复 3 次。

（5）结果计算　按下式进行计算：

$$d_{20}^{20} = \frac{m_1 - m_0}{m_2 - m_0} \times 10$$

式中　m_0——密度瓶的质量，单位为 g；
　　　m_1——密度瓶和样液的质量，单位为 g；
　　　m_2——密度瓶和水的质量，单位为 g；
　　　d_{20}^{20}——蜂蜜试样在 20℃时的相对密度；
　　　10——蜂蜜稀释的倍数。

（6）数据记录　将测定的原始数据结果记录在表 4–3 中。

表 4-3　蜂蜜相对密度的测定原始数据记录单

样品名称		样品编号		样品质量 /g	
检测地点		检测项目		检测依据	
仪器型号名称			检测日期		
计算公式					
检测项目	检测数据				
	1		2		3
密度瓶质量 m_0/g					
密度瓶和样液的质量 m_1/g					
密度瓶和水的质量 m_2/g					
d_{20}^{20}					
d_{20}^{20} 的平均值					

备注：

检验人：　　　　　　　　　　校核人：

3. 注意事项

1）计算结果精确到称量天平精度的有效位数。

2）在重复条件下获得的 3 次独立测定结果的绝对差值不得超过算术平均值的 5%。

任务评价

任务考核评价单

项目		班级			
工作任务		姓名		学号	
序号	任务及技术要求	评分标准	学生自评 10%	小组评价 10%	教师评价 60%	企业评价 20%
1	样品制备 30 分	准确量取蜂蜜样品；正确进行稀释和定容；样品制备过程中无污染				
2	密度测定 60 分	密度瓶洗净、干燥和恒重操作正确；蒸馏水温度控制精确；密度瓶称量准确，误差控制在允许范围内				
3	数据记录 10 分	数据记录完整、清晰；试验过程中的异常情况有记录和合理解释				
得分：						
教师签字：					年　　月	

任务二　固形物含量的测定

相关知识

一、折射法

通过测量物质的折射率来鉴别物质的组成，确定物质的纯度、浓度及判断物质的品质的分析方法称为折射法（折光法）。

二、测定意义

折射率是物质的一种物理常数，每一种均一物质都有其固有的折射率。通过测定某些物质的折射率可以对这些物质定性鉴定。对于同一物质的溶液来说，其折射率的大小与其浓度成正比。因此，测定物质的折射率，可以判断某些物质的品质及其浓度。

各种油脂含有一定的脂肪酸，每种脂肪酸均有其特征折射率，所以不同油脂的折射率不同，油脂酸度增高时，其折射率降低。因此，折射率的测定可用于油脂定性鉴定及判断其品质。

在乳品工业中，可以用折射法测定牛乳中乳糖的百分含量。利用折射率还可以判断牛乳是否掺水，正常牛乳乳清的折射率为 1.34199~1.34275，如折射率下降，可断定掺水。

各种果蔬产品具有一定的物质构成，不同果蔬产品的折射率不同。折射率的测定可鉴别果蔬产品的组成及品质，在一定条件下，果蔬中可溶性固形物含量与折射率呈正相关，固形物含量越高，折射率也越高。因此，可通过折射率测定果蔬中可溶性固形物含量。

必须指出的是：折射法测得的只是可溶性固形物含量。因为固体粒子不能在折射仪上反映出它的折射率，含有不溶性固形物的样品，不能用折射法直接测出总固形物。但对于番茄酱、果酱等农产品，已通过试验编制了总固形物与可溶性固形物关系表，先用折射法测定可溶性固形物含量，即可查出总固形物的含量。

三、仪器介绍

手持式折射仪见图 4-4。
折射仪的使用见图 4-5。

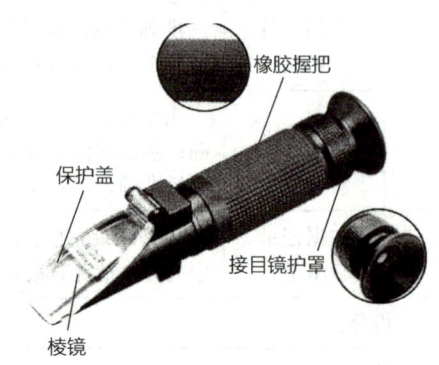

图 4-4　手持式折射仪

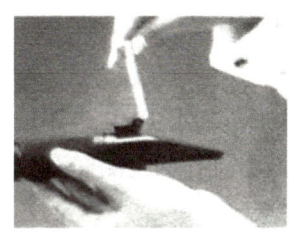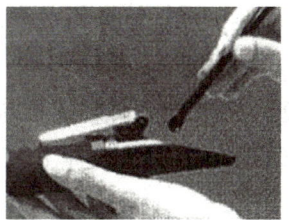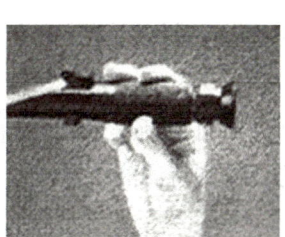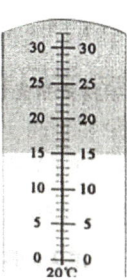

1. 打开保护盖　　2. 在棱镜玻璃面上滴 1~2 滴样液　　3. 盖上保护盖，水平对着光源，透过接目镜，读数　　Brix（%）

图 4-5　折射仪的使用

四、工作程序及操作技术要点

（1）样品的制备　将果蔬样品置于组织捣碎机中捣碎，用 4 层纱布挤出滤液，弃去最初几滴，收集滤液供测定用。

（2）手持式折射仪的校正　打开手持式折射仪的保护盖，用干净的纱布或卷纸小心擦干棱镜玻璃面。在棱镜玻璃面上滴 2 滴蒸馏水，盖上保护盖。于水平状态，从接目镜处观察，检查视野中明暗交界线是否处在刻度的零线上。若与零线不重合，则旋动刻度调节螺旋，使分界线面刚好落在零线上。

（3）固形物含量的测定　打开保护盖，用纱布或擦镜纸将水擦干，然后如上法在棱镜玻璃面上滴 2 滴果蔬汁，进行观测，读取视野中明暗交界线上的刻度，即为果蔬汁中可溶性固形物含量（%，为糖的大致含量），重复测定 3 次。

（4）数据记录及处理　在检测过程中及时将原始数据按要求填写在原始数据记录单中，检测结果取 4 次测定的平均值。

（5）测定结果报告　将检测结果填写在检验结果报告单中。

实训任务　果蔬中固形物含量的测定（折射法）

一、任务目标

使学生掌握折射法检测农产品可溶性固形物含量的方法。

不同农产品在成熟后，其可溶性固形物含量值有一个范围，检测产品可溶性固形物的含量，可以判定其成熟度、鉴别产品的品质。

二、任务实施

在 20℃用折射仪测定试样溶液的折射率，从仪器的刻度尺上直接读出可溶性固形物的含量。

1. 材料用具

WAY-1 型阿贝折射仪、恒温水浴、研钵、手持糖量测定计。

2. 方法步骤

（1）样品制备　称取新鲜果蔬样品 20~25g，用研钵研成糊状，加蒸馏水 10mL，用玻璃棒搅匀，过滤，得到待测液；汁液丰富的果蔬，可直接榨出果（蔬）汁作为检测样液。

（2）测定

1）调节恒温水浴循环水温度为（20±0.5）℃，使水流通过折射仪的恒温器。

2）用蒸馏水校准折射仪读数，温度为 20℃时将可溶性固形物调整至 0；温度不为 20℃时，可查表进行校准（表 4-4）。

表 4-4　折射仪测定可溶性固形物温度校正表

校正值	温度/℃	可溶性固形物读数									
		0	5%	10%	15%	20%	25%	30%	40%	50%	60%	70%
减去	15	0.27	0.29	0.31	0.33	0.34	0.34	0.35	0.37	0.38	0.39	0.40
	16	0.22	0.24	0.25	0.26	0.27	0.28	0.28	0.30	0.30	0.31	0.32
	17	0.17	0.18	0.19	0.20	0.21	0.21	0.21	0.22	0.22	0.23	0.24
	18	0.12	0.13	0.13	0.14	0.14	0.14	0.14	0.15	0.15	0.16	0.16
	19	0.06	0.06	0.06	0.07	0.07	0.07	0.07	0.08	0.08	0.08	0.08
加上	21	0.06	0.07	0.07	0.07	0.07	0.08	0.08	0.08	0.08	0.08	0.08
	22	0.13	0.13	0.14	0.14	0.15	0.15	0.15	0.15	0.16	0.16	0.16
	23	0.19	0.20	0.21	0.22	0.22	0.23	0.23	0.23	0.24	0.24	0.24
	24	0.26	0.27	0.28	0.29	0.30	0.30	0.31	0.31	0.31	0.32	0.32
	25	0.33	0.35	0.36	0.37	0.38	0.38	0.39	0.40	0.40	0.40	0.40

3）将棱镜表面擦干后，滴加 2~3 滴待测样液于棱镜中央，立即闭合上下两块棱镜，对准光源，转动消色旋钮，使视野分成明暗两部分，再转动棱镜旋钮，使明暗分界线恰在物镜的十字交叉点上，读取刻度尺上所示百分数，并记录测定时的温度。

（3）数据记录　果蔬中固形物含量的测定原始记录单见表 4-5。

表 4-5　果蔬中固形物含量的测定原始记录单

基本信息	样品名称		样品编号	
	检测项目		检测日期	
	检测依据		检测方法	

（续）

检测数据	样品编号	1	2
	可溶性固形物读数（%）		
	样液温度 t/℃		
	20℃时可溶性固形物含量（%）		
结果评判	精密度评判		
	20℃可溶性固形物含量平均值（%）		
结果讨论			

（4）结果计算

1）温度校正。测定温度不为20℃时，查表4-4，将检测读数校正为20℃标准温度下的可溶性固形物含量。

2）计算公式。未经稀释的试样，温度校正后的读数即为试样的可溶性固形物含量，稀释过的试样，可溶性固形物的含量按下式计算：

$$可溶性固形物含量 = \rho \times \frac{m_1}{m_0}$$

式中　ρ——测定液可溶性固形物含量（%）；

m_0——稀释前试样质量，单位为g；

m_1——稀释后试样质量，单位为g。

3. 注意事项

1）同一试样取两个平行样测定，以其算术平均值作为结果，保留一位小数。

2）两个平行样的测定结果最大允许绝对差，未经稀释的试样为0.5%，稀释过的试样为0.5%乘以稀释倍数（即稀释后试样克数与稀释前试样克数的比值）。

任务评价

任务考核评价单

项目			班级			
工作任务			姓名		学号	
序号	任务及技术要求	评分标准	学生自评 10%	小组评价 10%	教师评价 60%	企业评价 20%
1	样品制备 20分	样品处理得当，无明显固体残留；样品制备过程操作规范，无污染				
2	测定操作 30分	恒温水浴温度控制准确；折射仪校准正确，无误差；测定读数准确，操作规范				

（续）

序号	任务及技术要求	评分标准	学生自评 10%	小组评价 10%	教师评价 60%	企业评价 20%
3	数据记录与处理 30 分	数据记录完整、清晰、准确；温度校正正确，计算无误				
4	结果表述 20 分	结果计算准确，与标准值接近；结果评判合理，能够正确解释测定结果				
得分：						
教师签字：					年	月

课后习题

一、填空题

1．折射率与光波波长、_____等有关。
2．折射法是通过_____的分析方法。它适用于_____类食品的测定，测得的成分是_____含量。
3．折射法测定时常用的仪器有_____、_____。

二、选择题

用波美计测定液体浓度时，正确读数是（　　）。
A．液面接触处弯月面下缘 　　B．水平观察与液面接触处的弯月面下缘最低点处
C．弯月面上缘 　　D．水平观察弯月面上缘

三、判断题

当相对密度异常时，可以肯定食品有问题；当相对密度正常时，并不能确定食品无问题，必须配合理化分析才能确定。（　　）

四、简答题

1．举例说明测定液态食品相对密度的意义。
2．何谓折射率，测定食品折射率有何意义？
3．折射仪应怎样维护？
4．怎样使用阿贝折射仪测定样品中的可溶性固形物含量？
5．简述折射率与果蔬中可溶性固形物含量的关系。

五、技能训练

1．查阅资料制定检测方案：油脂相对密度的测定（密度瓶法）。
2．有一款牛奶疑似有问题，请对其进行牛乳相对密度测定，设计试验过程并进行测定。
3．实验室现有阿贝折射仪一台，欲测定葡萄中可溶性固形物的含量，请设计试验方案。
4．查阅资料制定检测方案：油脂折射率的测定（折射法）。

项目五
农产品一般成分的检验

项目导学
- 农产品是我们生活中的重要组成部分，其质量直接影响人们的健康和食品安全。为了确保农产品质量，需要对农产品的成分进行检验。通过对农产品一般成分的检验，可以了解农产品的新鲜度、营养成分等指标，为消费者提供可靠的信息，保障食品安全。

项目目标
- 知识学习目标：掌握农产品一般成分的检验方法，包括水分、酸度、脂肪、还原糖、蛋白质、维生素、矿物质元素等的检验。
- 技能培养目标：了解农产品中营养成分的检测方法；能够根据检验结果对农产品进行评价，为消费者提供可靠的建议。
- 职业情感目标：养成科学严谨的态度和习惯，培养诚实守法的职业道德，增强社会责任感和团队合作意识，提高沟通协作能力，培养创新意识和质量意识，培养终身学习能力和环境保护意识，增加学生的职业认同感。

任务一　水分含量的测定

相关知识

一、水分含量测定的基本知识

水是农产品的重要组成成分。控制农产品中的水分含量，对于保持农产品良好的感官性状、维持农产品中其他组分的平衡关系、保证农产品具有一定的贮藏期起着重要作用。水与微生物活动有重要关系，有的果蔬可采用脱水干燥的方法贮藏；乳粉水分含量控制在2%~3%，可抑制微生物生长繁殖，延长贮藏期。不同的农产品水分含量差别很大。因此，水分含量是农产品质量检验中的重要检测项目之一。

农产品中水分测定的方法有许多种，通常可以分为两大类：直接测定法和间接测定法。直接测定法一般是先去掉样品中的水分，再通过称量或其他手段获得分析结果；间接测定法一般不从样品中去除水分，而是根据在一定的条件下样品的某些物理性质与其水分含量存在的简单函数关系来确定水分含量。实际工作中可根据样品的性质选用适宜的方法。直接干燥法测定水分是农产品质量检测中的常用方法，检测的产品不同，依据的标准也有区别。我们参考 GB 5009.3—2016《食品安全国家标准　食品中水分的测定》中的直接干燥法进行实训。

1. 直接干燥法的适用范围

本方法适用于 101~105℃下，蔬菜、谷物及其制品、水产品、豆制品、乳制品、肉制品、卤菜制品、粮食（水分含量低于 18%）、油料（水分含量低于 13%）、淀粉及茶叶类等食品中水分的测定，不适用于水分含量小于 0.5g/100g 的样品。

2. 直接干燥法测定水分含量的原理

利用食品中水分的物理性质，在 101.3kPa（1 个大气压）、101~105℃下采用挥发方法测定样品中干燥减失的重量，包括吸湿水、部分结晶水和该条件下能挥发的物质，再通过干燥前后的称量数值计算出水分的含量。

二、分析过程中的常见问题及注意事项

1）水果、蔬菜样品，应先洗去泥沙后再用蒸馏水冲洗一次，然后用洁净纱布吸干表面的水分。

2）在测定过程中，称量皿从烘箱中取出后，应迅速放入干燥器中进行冷却，否则，不易达到恒重。

3）干燥器内一般用硅胶作干燥剂，硅胶吸湿后效能会降低，所以当硅胶蓝色减退或变红时，需及时换出，置于 135℃左右烘 2~3h 使其再生后再用。若硅胶吸附油脂等后，去湿能力也会大大降低。

4）果糖含量较高的样品，如水果制品等。在高温下（大于 70℃）长时间加热，其果糖会发生氧化分解作用而导致明显误差。所以宜采用减压干燥法测定水分含量。

5）含有较多氨基酸、蛋白质及羰基化合物的样品，长时间加热则会发生羰氨反应（美拉德反应）析出水分而导致误差。

实训任务　玉米种子中水分含量的测定（直接干燥法）

一、任务目标

了解检测样品的水分含量，掌握测定方法。

二、任务实施

1. 材料用具

1）内径为 60~70mm、高 35mm 以下的称量瓶，电热恒温干燥箱、干燥器、天平等。

2）盐酸溶液 [c（HCl）=6mol/L]。量取 100mL 盐酸，加水稀释至 200mL。

3）氢氧化钠溶液 [c(NaOH)=6mol/L]。称取 24g 氢氧化钠，加水溶解并稀释至 100mL。

4）海砂或河砂。取用水洗去泥土的海砂或河砂，先用盐酸溶液 [c(HCl)=6mol/L] 煮沸 0.5h，用水洗至中性，再用氢氧化钠溶液 [c(NaOH)=0.1mol/L] 煮沸 0.5h，用水洗至中性，经 105℃干燥备用。

5）仓储玉米种子。

2. 方法步骤

（1）称量瓶称重　将称量瓶清洗干净，置于 105℃干燥箱中，瓶盖斜支于瓶边，加热 0.5~1h，取出盖好，置于干燥器内冷却 0.5h，称量，并重复干燥至恒重。

（2）样品称量　准确称取 3.5g 玉米种子于已恒重的称量瓶中，加盖，精密称量。

（3）干燥　将样品与称量瓶置于 95~105℃干燥箱中，瓶盖斜支于瓶边，干燥 2~4h 后，盖好取出，放入干燥器内冷却 0.5h 后称量。

（4）恒重　将样品与称量瓶再放入 95~105℃干燥箱中干燥 1h 左右，取出，放入干燥器内冷却 0.5h 后再称量，反复操作，至前后 2 次质量相差不超过 2mg 为止，即为恒重。

（5）结果计算　按下式进行计算：

$$X = \frac{m_1 - m_2}{m_1 - m_3} \times 100\%$$

式中　X——试样中的水分含量（%）；

m_1——称量瓶和试样的质量，单位为 g；

m_2——称量瓶和试样干燥后的质量，单位为 g；

m_3——称量瓶的质量，单位为 g。

（6）数据记录　按式计算检测结果，填写表 5-1。

表 5-1　玉米种子中的水分含量

样品名称		样品编号			样品质量/g	
检测地点		检测项目			检测依据	
仪器型号名称			检测日期			
计算公式						
计算结果	重复次数		1	2	3	4	……
	称量瓶和试样的质量 m_1/g						
	称量瓶和试样干燥后的质量 m_2/g						
	称量瓶的质量 m_3/g						
	试样中水分的含量 X（%）						
	平均值 X（%）						
检验人：		校核人：				

3. 注意事项

1）计算结果保留 3 位有效数字。

2）在复查性条件下获得的 2 次独立测定结果的绝对差值不得超过算术平均值的 5%。

任务评价

任务考核评价单

项目			班级			
工作任务			姓名		学号	
序号	任务及技术要求	评分标准	学生自评 10%	小组评价 10%	教师评价 60%	企业评价 20%
1	称量瓶称重 20 分	称量瓶经过彻底清洗和干燥，无残留物，连续 2 次称量结果一致，表明已达到恒重				
2	样品称量 20 分	样品称量准确，误差控制在天平的最小分度值内，称量过程中操作规范，无样品损失				
3	干燥 20 分	干燥操作正确，干燥温度和时间控制适当，样品干燥充分，无烧焦或损坏				
4	恒重 20 分	样品经过正确干燥处理，能够在规定时间内达到恒重，称量结果一致性好，误差控制在允许范围内				
5	结果计算 20 分	计算过程准确无误，计算结果与试验数据相符，试验记录清晰、完整、真实				
得分：						
教师签字：					年	月

任务二　酸度的测定

相关知识

农产品中的酸性物质包括有机酸、无机酸、酸式盐及酸性有机化合物，这些酸有些是农产品本身固有的，如果蔬中的苹果酸、柠檬酸、酒石酸、醋酸、草酸等有机酸；有些是加工过程中添加的，如果汁中的柠檬酸还可以发酵产生酸及泡菜中的乳酸、醋酸。不同农产品中所含有机酸的种类、数量各不相同。

一、测定酸度的意义

农产品中的酸不仅作为酸味成分,而且在农产品的加工贮运及品质管理等方面被认为是重要的成分,测定农产品中的酸度具有十分重要的意义。

1)通过测定农产品中糖和酸的含量,可以判断农产品的成熟度。例如,番茄、葡萄等随着成熟度的增加而糖酸比增大,口感变好。另外,确定加工产品的配方时,可通过调整糖酸比可获得风味极佳的产品(风味是一组复杂的质量集合体,它包括甜味、酸味、芳香味和涩味等)。

2)通过测定酸度,可对农产品的质量进行鉴定。例如,挥发酸含量的高低,是衡量水果发酵制品质量好坏的一项重要技术指标,如果产品中乙酸的质量分数超过0.1%,就说明制品已经腐败;发酵制品中乳酸含量高,说明已变质。

3)农产品的pH对其色、香、味、成熟度、稳定性、质量的好坏都有影响。例如,农产品加工中控制pH小于或等于3可以抑制酶促褐变的发生,保持水果的本色。降低pH可抑制酶的活性和微生物的生长,pH也是水果蔬菜罐头杀菌条件的重要依据。

二、酸度的分类

农产品中酸度可分为总酸度、有效酸度、挥发酸度。

1)总酸度是指食品中所有酸性成分的总量。它包括未离解的酸的浓度和已离解的酸的浓度,其大小常用标准碱溶液进行滴定,并以样品中主要代表酸的百分含量来表示,所以总酸度又称为可滴定酸度。

2)有效酸度是指农产品中呈游离状态的H^+的浓度(或称活度),常用pH来表示,用pH计(酸度计)来测定。

3)挥发酸是指食品中易挥发的有机酸,如甲酸、醋酸及丁酸等低碳链的直链脂肪酸。其大小可通过蒸馏挥发分离,再借标准碱滴定来测定。一种农产品的挥发酸含量是一定的,挥发酸的含量是某些食品的一项质量控制指标。

在同一个农产品中,往往几种有机酸同时存在,但在分析有机酸含量时,是以主要酸为计算标准的。通常仁果类、核果类及大部分浆果类以苹果酸计算;葡萄以酒石酸计算;柑橘类以柠檬酸计算;蔬菜以苹果酸计算,山上野果则可用草酸计算。

三、总酸度的测定

1. 原理

食品中的酒石酸、苹果酸、柠檬酸、草酸、乙酸等有机酸的电离常数Ka均大于1×10^{-8},可用标准强碱溶液通过酸碱滴定法进行测定。

2. 分析过程中的常见问题与注意事项

1)食品中的酸是多种有机酸的混合物,用强碱进行滴定时,滴定突跃一般足够明显。

但是，由于某些食品本身具有较深的颜色，以酚酞为指示剂时，滴定终点颜色变化不明显，影响滴定终点的判断。此时，可通过 pH 计测定终点，即在装有试样的锥形瓶中插入 pH 复合电极，通过 pH 测定值在 8.3 出现的滴定突跃来指示滴定终点。

2）一般情况下，柑橘、柠檬、柚子多以柠檬酸为代表性酸，葡萄以酒石酸为代表性酸，苹果、桃、李及蔬菜多以苹果酸为代表性酸，肉类、家禽类常以乳酸为代表性酸。

四、有效酸度的测定

有效酸度一般用 pH 表示，测定液体食品的有效酸度的常用方法有试纸法和 pH 计法。其中 pH 计法测定准确度较高，不受试样本身颜色的影响，普遍应用于食品行业。这里介绍 pH 计法。

1. 原理

将玻璃电极和甘汞电极（或二者构成的 pH 复合电极）插在被测样液中，连接到 pH 计后，组成一个电化学原电池，通过测定其电极电势差，直接在 pH 计上可显示出样液的 pH。

2. 分析过程中的常见问题与注意事项

1）样品试液制备后应立即测定，不宜久存。

2）玻璃电极或 pH 复合电极初次使用时，一定要先在蒸馏水中浸泡 24h 以上。开始使用后，必须一直保持表面湿润。

3）饱和甘汞电极下端毛细管应保持畅通，不用时应用橡皮帽套在电极下端的管口上。使用时应将电极下端的橡皮帽取下，并拔去电极上部的小橡皮塞，让极少量的氯化钾溶液从毛细管中流出，以使测定结果更可靠。电极上部的氯化钾溶液如果过少，应及时补充，平时电极上部的小橡皮塞应当塞紧。

4）pH 复合电极上部的溶液也应及时补充，开始使用后，必须一直保持表面湿润。

▶ 实训任务　柑橘果实中有机酸含量的测定（酸碱指示剂滴定法）

一、任务目标

掌握柑橘果实中有机酸含量的测定方法（滴定法），包括样品的采集、预处理、提取和滴定操作，以及试验结果的计算和分析。

二、任务实施

1. 材料用具

1）分析天平、碱式滴定管、100mL 三角瓶、250mL 烧杯、200mL 和 1000mL 的容量瓶、10mL 移液管、漏斗、滤纸、研钵、脱脂棉、纱布等。

2）氢氧化钠标准溶液 $[c(NaOH)=0.1mol/L]$、酚酞指示剂（10g/L）。

3）成熟的柑橘果实。

2. 方法步骤

（1）样品处理　称取去皮去核的均匀样品20g，置于研钵中研成糊状，注入200mL容量瓶中，反复用蒸馏水洗净研钵，洗液一并移入容量瓶，加蒸馏水定容至刻度。摇匀后，用脱脂棉或滤纸过滤到干燥的250mL烧杯中，此为待测的样液。

（2）滴定　吸取样液20mL放入100mL三角瓶中，加酚酞指示剂2滴，用氢氧化钠标准溶液 $[c(NaOH)=0.1mol/L]$ 滴定，直至呈浅红色为止，记录氢氧化钠标准溶液的用量。重复操作3次，取其平均值。

（3）结果计算　按下式进行计算：

$$X = \frac{V \times c \times K}{m} \times 100$$

式中　X——样品中总酸的含量，单位为g/kg；
　　　V——滴定消耗氢氧化钠标准溶液的体积，单位为mL；
　　　c——NaOH标准溶液的浓度，单位为mol/L；
　　　K——折算系数。柠檬酸为0.064；
　　　m——样品质量，单位为g；
　　　100——单位换算常数。

（4）数据记录　柑橘果实中有机酸含量的检测见表5-2。

表5-2　柑橘果实中有机酸含量的检测

样品名称		样品编号		样品质量/g			
检测地点		检测项目		检测依据			
仪器型号名称			检测日期				
计算公式							
计算结果	重复次数	1	2	3	4	……	
	样品质量 m/g						
	滴定消耗标准溶液的体积 V/mL						
	氢氧化钠标准溶液的浓度 c/(mol/L)						
	折算系数——K，柠檬酸为0.064						
	样品中总酸的含量 X/(g/kg)						
	平均值 $\overline{X}$/(g/kg)						

检验人：　　　　　　　校核人：

3. 注意事项

1）有些果实容易榨汁，而其汁液含酸量能代表果实的含酸量。榨汁后，取定量汁液（5~10mL），稀释（加蒸馏水 20mL），直接用氢氧化钠标准溶液 $[c(NaOH)=0.1mol/L]$ 滴定。

2）换算系数。以果蔬主要含酸量种类计算，如苹果酸为 0.067，柠檬酸为 0.064，酒石酸为 0.075，乳酸为 0.090，草酸为 0.045，乙酸为 0.060。

任务评价

任务考核评价单

项目			班级			
工作任务			姓名		学号	
序号	任务及技术要求	评分标准	学生自评 10%	小组评价 10%	教师评价 60%	企业评价 20%
1	样品处理 20分	正确处理样品并过滤，样品制备无误，过滤液清澈；样品处理过程中无显著损失				
2	滴定 60分	正确操作碱式滴定管，准确控制滴定速度；准确判断滴定终点，滴定结果重复性好				
3	结果计算 20分	原始数据记录准确、完整、清晰；使用正确的计算公式，结果保留适当的有效数字；测定结果的精密度符合试验要求				
得分：						
教师签字：					年	月

任务三 脂肪含量的测定

相关知识

脂类主要包括脂肪（甘油三酯）和一些脂质，如脂肪酸、磷脂、糖脂、固醇等。食品中脂肪的存在形式有游离态的，如动物性脂肪及植物性油脂；也有结合态的，如天然存在的磷脂、糖脂、脂蛋白，与蛋白质或碳水化合物等形成结合态。大多数食品中所含的脂肪为游离态脂肪，结合态脂肪含量较少。食品的种类不同，其中脂肪的含量及其存在的形式就不相同，测定脂肪的方法也有差异。常用的测定脂类的方法有索氏抽提法、酸水解法（GB 5009.6—2016《食品安全国家标准 食品中脂肪的测定》）、巴布科克氏法、盖勃氏法、罗斯－哥特里氏法等。索氏抽提法被认为是测定多种食品脂类含量的代表性方法，是国标方法之一，也是 AOAC 所采用的方法。本任务介绍的方法就是索氏抽提法。

本方法可用于水果、蔬菜及其制品、粮食及粮食制品、肉及肉制品、蛋及蛋制品、水产及其制品、焙烤食品、糖果等食品中游离态脂肪含量的测定。

果蔬产品中的游离态脂肪一般都能直接被乙醚、石油醚等有机溶剂抽提，而结合态脂肪不能直接被乙醚、石油醚提取，需在一定条件下进行水解等处理，使之转变为游离态脂肪后方能提取。经前处理的样品用无水乙醚或石油醚等溶剂回流抽提后，样品中的脂肪进入溶剂中，回收溶剂后所得到的残留物，即为脂肪。因为提取物中除游离态脂肪外，还含有部分磷脂、色素、树脂、蜡状物、挥发油、糖脂等物质。所以索氏抽提法测得的只是游离态脂肪，也称为粗脂肪。

本方法对大多数样品测定结果准确，是一种经典分析方法，但操作费时，而且溶剂消耗量大，且需要专门的索氏抽提器。

实训任务　果蔬产品中脂肪含量的测定（索氏抽提法）

一、任务目标

掌握果蔬产品中脂肪含量的测定方法（索氏抽提法），以及试验结果的计算和分析。

二、任务实施

1. 材料用具

索氏抽提器、电热鼓风干燥箱、分析天平、干燥器（内附有效干燥剂）、滤纸筒、蒸发皿等。

2. 方法步骤

（1）样品制备

1）固体样品。一般样品用组织捣碎机捣碎后，称取 2~5g，谷物或干燥制品用粉碎机粉碎过 40 目筛；肉用绞肉机绞两次使其均质化并混匀，试样必须封闭保存于一个完全盛满的容器中，防止其腐败和成分变化，并尽可能提早分析试样。必要时拌以海砂，全部移入滤纸筒内。

2）液体或半固体样品。称取 5~10g，置于蒸发皿中，加入约 20g 海砂于沸水浴上蒸干后，在（100±5）℃干燥，研细，全部移入滤纸筒内，蒸发皿及附有试样的玻璃棒，均用沾有乙醚的脱脂棉擦净，并将棉花放入滤纸筒内。

（2）抽提　将滤纸筒放入索氏抽提器中，连接已干燥至恒重的接收瓶，在抽提器冷凝管上端加入无水乙醚或石油醚至瓶内容积的 2/3 处，于水浴上加热，使无水乙醚或石油醚以每 5~6min 回流一次的速度抽提 6~12h。

（3）称量　取下接收瓶，回收无水乙醚或石油醚，待接收瓶中抽提剂剩 1~2mL 时，在水浴上蒸干，于（100±5）℃干燥箱内干燥 2h，置干燥器内冷却至室温，称重。重复以上操作直至恒重。

（4）结果计算　按下式进行计算：

$$X = \frac{m_1 - m_2}{W} \times 100$$

式中　X——样品中脂肪的含量，单位为 g/100g；

　　　m_1——恒重后接收瓶和脂肪的质量，单位为 g；

　　　m_2——接收瓶的质量，单位为 g；

　　　W——样品的质量，单位为 g；

　　　100——单位换算常数。

（5）数据记录　记录测定数据并计算检测结果（表 5-3）。

表 5-3　样品中脂肪含量的测定

样品名称		样品编号		样品质量 /g	
检测地点		检测项目		检测依据	
仪器型号名称			检测日期		
计算公式					
计算结果	重复次数	1	2	3	4	……
	恒重后接收瓶和脂肪的质量 m_1/g					
	接收瓶的质量 m_2/g					
	样品的质量 W/g					
	样品中脂肪的含量 X/（g/100g）					
	平均值 $\overline{X}$/（g/100g）					
检验人：		校核人：			

3. 注意事项

1）样品应干燥后研细，样品含水量高会影响溶剂的提取效果。而且溶剂会吸收样品中的水分造成非脂成分溶出。

2）对含糖和糊精量大的样品，要先以冷水使其溶解，过滤除去后，将残渣和滤纸一起烘干，放入抽提器内。

3）抽提用的溶剂要求无水、无醇、无过氧化物，挥发残渣低。

4）提取时水浴温度不宜过高，以每分钟滴 80 滴为宜。

5）在挥发乙醚或石油醚时，切忌明火加热。烘前应去除全部残留溶剂，否则会有爆炸的危险。

任务评价

任务考核评价单

项目			班级			
工作任务			姓名		学号	
序号	任务及技术要求	评分标准	学生自评 10%	小组评价 10%	教师评价 60%	企业评价 20%
1	样品制备 40 分	能正确处理样品并进行制备				
2	脂肪的测定 40 分	能正确操作索氏抽提器并判断终点				
3	结果计算 20 分	原始数据记录准确、完整，书写工整美观；公式正确、正确保留有效数字；测定结果精密度符合标准要求				
得分：						
教师签字：					年 月	

任务四　还原糖含量的测定

相关知识

一定量的碱性酒石酸铜甲、乙液等体积混合后，生成天蓝色的氢氧化铜沉淀，这种沉淀很快与酒石酸钾钠反应，生成深蓝色的酒石酸钾钠铜的络合物。在加热条件下，以亚甲基蓝作为指示剂，用样液直接滴定经标定过的碱性酒石酸铜溶液，还原糖将二价铜还原为氧化亚铜。待二价铜全部被还原后，稍过量的还原糖将亚甲基蓝还原，溶液由蓝色变为无色，即为终点。根据最终消耗的样液的体积，即计算出还原糖的含量。

含糖量的测定是果蔬原料的主要分析项目。测定果蔬糖分含量的基本原理，是还原糖（果糖和葡萄糖）分子结构中有一个半缩醛的羟基，它在一定的碱性条件下，能将硫酸铜还原成氧化亚铜。用待测液直接滴定一定容积、已知浓度的费林试剂，反应的终点用亚甲基蓝为指示剂，由于亚甲基蓝能被碱性溶液中过量的糖还原为无色的化合物，溶液的蓝色即行消失，所以终点明显。

样品经除去脂肪及可溶性糖后，其中的淀粉用淀粉酶水解为双糖，再用盐酸将双糖水解为单糖，最后按还原糖进行测定，并折算为淀粉。

实训任务一　葡萄果实中含糖量的测定

葡萄果实中含糖量的测定，是鉴别葡萄质量的重要指标之一，也是制备某种加工品和保证质量的重要依据。

一、任务目标

了解葡萄中含糖量测定的基本原理，掌握测定的具体方法。

二、任务实施

1. 材料用具

1）成熟的葡萄果实。

2）分析天平、水浴、三脚架、石棉、酒精灯、酸式滴定管、10mL 移液管、玻璃珠、漏斗、滤纸、研钵、脱脂棉、纱布、电炉、温度计、150mL 锥形瓶、250mL 烧杯、三角瓶，以及 100mL、250mL 和 500mL 容量瓶等。

3）试剂。

①费林试剂。

a. 费林试剂甲液。称取 34.639g 五水硫酸铜（$CuSO_4 \cdot 5H_2O$），加适量的水溶解，加 0.5mL 硫酸，用水稀释至 500mL，用精制石棉过滤。

b. 费林试剂乙液。称取 173g 酒石酸钾钠和 50g 氢氧化钠于适量水中溶解，用水稀释至 500mL，用精制石棉过滤。

c. 标定费林试液。吸取费林试剂甲液、乙液各 5mL，置于 150mL 锥形瓶中，加 10mL 水，加入玻璃珠 2 粒，从滴定管加入葡萄糖标准溶液约 9.5mL，用电炉加热，控制在 2min 内沸腾，加亚甲基蓝指示剂 2~3 滴，趁热以每 2s 1 滴的速度继续滴定至蓝色刚好褪去为终点。记录消耗葡萄糖标准溶液的体积（V_0）。

d. 标定结果计算：每 10mL 费林试液相当于还原糖的量 $f(mg)=5V_0$。

②亚甲基蓝指示剂（10g/L，水溶液）。

③标准葡萄糖溶液。准确称取经 105℃干燥过的葡萄糖 0.5g，置于小烧杯中，加水溶解后，转入 100mL 容量瓶中，加水定容至刻度。此标准溶液浓度为 5mg/mL。

4）精制石棉。石棉先用盐酸 [$c(HCl)$=3mol/L] 浸泡 2~3d，用水洗净，再用氢氧化钠溶液 [$c(NaOH)$=100g/L] 浸泡 2~3d，倒去溶液，再用热的费林试剂乙液浸泡数小时，用水洗净，再以盐酸 [c（HCl）=3mol/L] 浸泡数小时，以水洗至不呈酸性。然后加水振摇，使成细微的浆状的软纤维，用水浸泡并保存于玻璃瓶中。

2. 方法步骤

（1）还原糖的测定

1）样品的制备。称取去皮去核的样品 20g，置于研钵中磨碎，移入 250mL 容量瓶中，加水稀释至刻度，经 10~15min 浸提，将样液过滤于干燥的三角瓶中备用。

2）粗滴定。吸取费林试剂甲液、乙液各 5mL，置于 150mL 锥形瓶中，加 10mL 水，加入玻璃珠 2 粒，控制在 2min 内沸腾，趁沸以先快后慢的速度滴加样液，待颜色变浅时，加入亚甲基蓝指示剂 2~3 滴，趁沸以每 2s 1 滴的速度继续滴定至蓝色刚好褪去为止。记录样液消耗体积。

3）精密滴定。吸取费林试剂甲液、乙液各 5mL，置于 150mL 锥形瓶中，加 10mL 水，加入玻璃珠 2 粒，从滴定管加入比粗滴定少 0.5~1mL 的样液，加热使之在 2min 内沸腾，并维持沸腾 2min。加入亚甲基蓝指示剂 2~3 滴，趁沸以每 2s 1 滴的速度继续滴定到蓝色刚好褪去为止，记录样液消耗体积。

4）计算。样品中还原糖含量的计算公式为：

$$X = \frac{f \times V_0}{m \times V \times 1000} \times 100$$

式中　　X——样品中还原糖（以葡萄糖计）的质量分数（%）；或质量浓度，单位为 g/100mL；

　　　　f——还原糖系数，即与 10mL 费林试液相当的还原糖量，单位为 mg；

　　　　V_0——样品处理后的总体积，此处为 250mL；

　　　　V——样品试液滴定量，单位为 mL；

　　　　m——样品质量（或体积），单位为 g（或 mL）；

　　　　100，1000——单位换算常数。

（2）蔗糖的测定　吸取上述制备好的样液 50mL，移入 100mL 容量瓶中，加 18% 盐酸 5mL，置于水浴中煮沸 10min，冷却后加入酚酞指示剂 2 滴，以 40% 氢氧化钠中和，加水稀释至刻度，混合均匀后装入滴定管中，用上述方法测定，并计算蔗糖含量。计算公式为：

$$X = （X_2 - X_1） \times 0.95$$

式中　　X——样品中蔗糖的质量分数（%）；

　　　　X_1——水解前 100g 样品中含还原糖的质量分数（%）；

　　　　X_2——水解后 100g 样品中含还原糖的质量分数（%）；

　　　　0.95——还原糖（以葡萄糖计）换算成蔗糖的系数。

总糖量（%）= 蔗糖含量（%）+ 还原糖含量（%）

（3）数据记录　葡萄果实中含糖量测定的数据记录见表5-4。

表5-4　葡萄果实中含糖量测定的数据记录

样品名称		样品编号		
检测项目		检测日期		
检测依据		检测方法		
记录数据	样品编号	1		2
	样品质量（或体积）m/g（或 mL）			
	碱性酒石酸铜溶液相当于葡萄糖的质量（还原糖系数）f/mg			
	滴定用样品溶液体积 V/mL			
数据处理	计算公式			
	葡萄还原糖的含量 X（以葡萄糖计）/（g/100mL）			
结果评判	精密度评判			
	葡萄还原糖的含量 X/（g/100g）			
	葡萄还原糖含量评判依据			
	葡萄还原糖含量评判结果			
结果讨论				

3. 注意事项

1）还原糖与费林试剂的反应十分复杂，还原糖的氧化产物和反应程度取决于试剂浓度、碱浓度、加热温度、加热时间等。因此，测定时必须严格按照操作规程进行，并力求平行测定条件一致。试验要求控制在 2min 内至沸，可使用高压电炉先调节好火力，同时注意控制总沸腾时间为 3min。

2）滴定过程中，当亚甲基蓝被还原至无色时，表示到达终点。但当无色的亚甲基蓝隐色体与空气接触后又会恢复原来的蓝色，因此整个滴定过程必须在沸腾的溶液中进行，液面覆盖着水蒸气，以避免亚甲基蓝与空气接触。

3）若溶液煮沸后不呈蓝色，表明样液中含糖量过高，可减少样品量后重做。

4）费林试剂甲液、乙液须分开保存，使用时再等量混合，以免酒石酸钾钠铜络合物在碱性条件下慢慢分解析出氧化亚铜沉淀，使有效浓度降低。

5）滴定时，要随时振荡锥形瓶，避免局部饱和。同时用木试管夹夹住锥形瓶，以免烫手或意外伤害。

任务评价

任务考核评价单

项目			班级			
工作任务			姓名		学号	
序号	任务及技术要求	评分标准	学生自评 10%	小组评价 10%	教师评价 60%	企业评价 20%
1	样品的制备 25 分	正确称量样品并进行研磨、定容和过滤，制备无误的样液				
2	还原糖的测定 25 分	正确操作酸式滴定管，准确判断滴定终点，并记录消耗体积				
3	蔗糖的测定 25 分	按照试验步骤准确操作，进行水解处理和滴定，准确判断滴定终点				
4	结果计算 25 分	原始数据记录准确、完整；用正确的计算公式，结果保留适当的有效数字；计算结果精确，符合试验要求				
得分：						
教师签字：					年	月

实训任务二　稻米中淀粉含量的测定

一、任务目标

了解淀粉含量测定的原理，掌握检测方法。

二、任务实施

1. 材料用具

1）精制稻米。

2）分析天平、水浴、三脚架、石棉网、酒精灯、研钵、酸式滴定管、10mL 移液管、玻璃珠、漏斗、滤纸、脱脂棉、纱布、温度计、电炉、150mL 和 250mL 锥形瓶、250mL 烧杯，以及 100mL、250mL 和 500mL 容量瓶等。

3）试剂。

①淀粉酶溶液（5g/L）。称取淀粉酶 0.5g，加 100mL 水溶解，加入数滴甲苯或氯仿防止发霉，贮于冰箱中备用。

②碘溶液。称取 3.6g 碘化钾溶于 20mL 水中，再加入 1.3g 碘，溶解后加水稀释至

100mL。

③乙醚（化学纯试剂）、乙醇（质量分数为85%）、亚甲基蓝指示剂（10g/L，水溶液）。

④费林试剂。配制方法同前。

⑤标准葡萄糖溶液。准确称取经105℃干燥过的葡萄糖0.5g，置于小烧杯中，加水溶解后，转入到100mL容量瓶中，加水定容至刻度。此标准溶液浓度为5mg/mL。

2. 方法步骤

（1）样品处理　准确称取干燥的稻米粉样品2~5g，置于放有折叠滤纸的漏斗中，先用50mL乙醚分5次洗去脂肪，再用约100mL乙醇（质量分数为85%）分3~4次洗去可溶性糖。将残留物移入250mL烧杯内，用50mL水分数次洗涤滤纸和漏斗，洗液并入烧杯中。将烧杯置于沸水浴上加热15min，使淀粉糊化。放冷至60℃左右，加淀粉酶溶液20mL，在55~60℃下保温1h，并不断搅拌。取1滴试液加1滴碘溶液检查，应不显蓝色；若呈蓝色，需加20mL淀粉酶溶液再加热糊化，并继续保温，直至加碘不显蓝色为止。

取出烧杯小火加热至沸腾，冷却后移入250mL容量瓶中，加水至刻度，摇匀，过滤（弃去初滤液）。取50mL滤液，置于250mL锥形瓶中，加盐酸（1+1）5mL，装上回流冷凝管，在沸水浴中回流1h。冷却后加2滴甲基红指示剂，用20%氢氧化钠溶液中和至近中性后转入100mL容量瓶中。洗涤锥形瓶，洗液并入容量瓶中。用水定容至刻度，摇匀备测。

（2）测定　按还原糖测定方法进行定量测定。同时量取50mL水及与样品处理时等量的淀粉酶溶液，按同一方法做试剂空白试验。

（3）结果计算　按下式进行计算：

$$X = \frac{(m_1 - m_2) \times 0.9}{m \times \dfrac{V}{V_0} \times 1000} \times 100$$

式中　　X——样品中淀粉的质量分数（%）；

m_1——所测样品中还原糖的质量（以葡萄糖计），单位为mg；

m_2——试剂空白中还原糖的质量（以葡萄糖计），单位为mg；

m——样品质量，单位为g；

0.9——还原糖（以葡萄糖计）换算成淀粉的换算系数，即162/180；

V——测定用样品处理液的体积，单位为mL；

V_0——样品稀释液的总体积，为500mL；

100，1000——单位换算常数。

（4）数据记录　按式计算检测结果，填写记录表（表5-5）。

表 5-5　稻米中淀粉含量的测定

样品名称			样品编号		样品质量 /g	
检测地点			检测项目		检测依据	
仪器型号名称				检测日期		
计算公式						
计算结果	重复次数	1	2	3	4	……
	样品质量 m/g					
	所测样品中还原糖的质量（以葡萄糖计）m_1/ mg					
	试剂空白中还原糖的质量（以葡萄糖计）m_2/ mg					
	测定用样品处理液的体积 V/ mL					
	样品中淀粉的质量分数 X（%）					
	平均值 $\bar{X}$（%）					

检验人：　　　　　　　　校核人：

3. 注意事项

1）常用的淀粉酶是麦芽淀粉酶，它是 α-淀粉酶和 β-淀粉酶的混合物。淀粉酶使淀粉水解为麦芽糖，具有专一性，所得结果比较准确。市售淀粉酶可按说明书使用，通常酶的糖化能力为 1：25 或 1：50，当有酸、碱存在时或温度超过 85℃ 时酶将失去活性，长期保存则活性降低，配制成酶溶液后活性降低更快。因此，应在临用前配制，并于冰箱内保存。使用前还应对其糖化能力进行测定，以确定酶的用量。测定的方法：用已知量的可溶性淀粉，加不同量的淀粉酶溶液，置于 55~60℃ 水浴中保温 1h，用碘液检查是否存在淀粉，以确定酶的活力及水解样品时需加入的酶量。

2）采用麦芽淀粉酶处理样品时，水解产物主要是麦芽糖，因此还要用酸将其水解为单糖。与蔗糖相比，麦芽糖水解所需温度更高，时间更长。

3）当样品中含有蔗糖等可溶性糖时，经酸长时间水解后，蔗糖转化，果糖迅速分解，造成测定误差。因此，一般样品要求事先除去可溶性糖。

4）在除去可溶性糖时，为防止糊精也一同被洗掉，样品加入乙醇后，混合液中乙醇的体积分数应在 80% 以上，但如果要求测定结果中不包含糊精，则用 10% 乙醇洗涤即可。

5）由于脂肪的存在会妨碍酶对淀粉粒的作用，因此采用酶水解法测定淀粉时应预先用乙醚或石油醚脱脂。若样品脂肪含量较少则可省略此步骤。

6）淀粉具有晶体结构，淀粉酶难以作用，需先加热使淀粉糊化，以破坏淀粉粒的晶体结构，使其易于被淀粉酶作用。

任务评价

任务考核评价单

项目			班级			
工作任务			姓名		学号	
序号	任务及技术要求	评分标准	学生自评 10%	小组评价 10%	教师评价 60%	企业评价 20%
1	样品的制备 40分	能正确处理样品并进行制备				
2	淀粉含量的测定 40分	能正确操作酸式滴定管并判断滴定终点				
3	结果计算 20分	原始数据记录准确、完整，书写工整美观；公式正确、正确保留有效数字；测定结果精密度符合标准要求				
得分：						
教师签字：					年	月

任务五　蛋白质含量的测定

相关知识

蛋白质是复杂的含氮有机化合物，主要由碳、氢、氧、氮、硫5种元素组成，在某些蛋白质中，还含有微量的磷、铜、铁、碘等。

蛋白质是生命的物质基础，存在于一切生物的原生质内，是细胞组成的主要成分，同时也是新陈代谢作用中各种酶的组成部分。蛋白质是人体重要的营养物质，也是人类食物重要的营养指标。人和其他动物只能从食物中得到蛋白质及其分解物，来构成自身的蛋白质。人体新生组织的形成、酸碱平衡和水平衡的维持、遗传信息的传递、物质的代谢及转运都与蛋白质有关。

果蔬产品中含氮物质虽少，但其对果蔬产品及其制品的风味有着重要的影响。其中影响最深的是氨基酸。果蔬产品中的鲜味主要来自一些具有鲜味的氨基酸、酰胺和肽等含氮物质，其中，L-谷氨酸、L-天冬氨酸、L-谷氨酰胺和L-天冬酰胺最为重要，广泛存在于果蔬产品中，在梨、桃、葡萄、柿、番茄中含量较为丰富。

果蔬产品中的含氮物质大部分是蛋白质，其次为氨基酸、酰胺，以及某些铵盐和酸盐。

一、测定蛋白质含量的意义

1）测定果蔬产品中蛋白质的含量对于评价果蔬产品的营养价值、合理开发利用果蔬产品资源、提高产品质量及生产过程控制均具有极其重要的意义。

2）果蔬产品中的蛋白质与氨基酸的存在和变化对果蔬产品的颜色产生影响，从而影响产品的外观质量。最显著的是贮藏环境的高温引起羰氨反应造成的果蔬产品色暗。

3）蛋白质及其分解产物对果蔬产品的影响。蛋白质及其分解产物对果蔬产品的色、香、味和产品质量都有一定影响，所以在果蔬产品品质检验中蛋白质的测定具有重要的意义。

二、测定蛋白质含量的方法

测定蛋白质的方法可分为两大类，一类是利用蛋白质的共性，即含氮量、肽键和折射率等测定蛋白质含量；另一类是利用蛋白质中特定氨基酸残基、酸性或碱性基团及芳香基团等测定蛋白质含量。

测定蛋白质含量最常用的方法是凯氏定氮法，它是测定总有机氮的最准确和操作较简便的方法之一，在国内外普遍应用。本方法是通过测出样品中的总氮量再乘以相应的蛋白质系数而求出蛋白质含量的，由于样品中含有少量非蛋白质含氮化合物，所以本方法测出的结果称为粗蛋白含量。

近年来，凯氏定氮法经不断地研究改进，在应用范围、分析结果的准确度、仪器装置及分析操作的速度等方面均取得了新的进步。

三、测定蛋白质含量的原理

食品中的蛋白质在催化加热条件下被分解，以硫酸铜为催化剂，用浓硫酸消化，使有机氮转变为氨并与硫酸结合生成硫酸铵。然后加碱蒸馏使氨游离，用硼酸（H_3BO_3）吸收后再以盐酸标准溶液滴定，根据酸的消耗量乘以换算系数，即为蛋白质含量。

反应过程分为 3 个阶段，用反应式表示如下：

1）消化：$2NH_2(CH_2)_2COOH+13H_2SO_4 \rightarrow (NH_4)_2SO_4+6CO_2+12SO_2+16H_2O$

2）蒸馏和吸收：$(NH_4)_2SO_4+2NaOH \rightarrow 2NH_3\uparrow+Na_2SO_4+2H_2O$

$$2NH_3+4H_3BO_3 \rightarrow (NH_4)_2B_4O_7+5H_2O$$

3）滴定：$(NH_4)_2B_4O_7+2HCl+5H_2O \rightarrow 2NH_4Cl+4H_3BO_3$

四、测定蛋白质氮和非蛋白质氮含量的原理

利用蛋白质能与重金属离子结合形成蛋白质盐而变性沉淀的特性，在一定的条件下，

可将蛋白质氮与非蛋白质氮分离。用凯氏定氮法分别进行分析。根据这个特性可将乳粉中掺入的非蛋白质物质检测出来。以醋酸铜作为沉淀剂的原理：样品用水消化，用醋酸铜沉淀蛋白质，而非蛋白质则留存于溶液中。过滤后，用凯氏定氮法分别测定沉淀中和滤液中的氮。

实训任务一　原料牛乳中蛋白质含量的测定

一、任务目标

了解微量凯氏定氮法测定蛋白质含量的原理，掌握检测操作的基本方法。

二、任务实施

1. 材料用具

1）原料牛乳。

2）微量凯氏定氮蒸馏装置（图5-1）。

3）试剂。所用试剂均用不含氨的蒸馏水配制。

①硫酸铜、硫酸钾、硫酸、硼酸溶液（20g/L）、40%氢氧化钠溶液。

②混合指示剂。1份1g/L甲基红乙醇溶液与5份1g/L溴甲酚绿乙醇溶液临用时混合；也可用2份1g/L甲基红乙醇溶液与1份1g/L亚甲基蓝乙醇溶液临用时混合。

③盐酸标准溶液$[c(\text{HCl})=0.05\text{mol/L}]$。用无水碳酸钠进行标定。

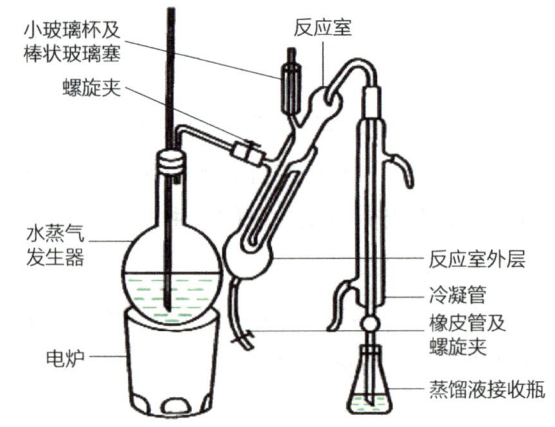

图5-1　微量凯氏定氮蒸馏装置

2. 方法步骤

（1）消化（必须在通风柜中进行）　准确吸取原料牛乳，移入干燥的500mL凯氏烧瓶中，加入0.2g硫酸铜、3g硫酸钾及20mL浓硫酸，稍摇匀后在瓶口放一个小漏斗，并将瓶以45°角斜支于有小孔的石棉网上。小心加热，待内容物完全炭化，不再产生泡沫后逐步加大火力，保持瓶内液体微沸，至瓶内液体呈蓝绿色且澄清透明后继续加热0.5h。

取下烧瓶，放冷后小心加20mL水。冷却至室温后，移入100mL容量瓶中，用少量水分2~3次将烧瓶洗涤干净，洗液合并于容量瓶中。用水定容至刻度，摇匀备用。同样条件下做一试剂空白试验。

（2）蒸馏　按图5-1连接好微量凯氏定氮蒸馏装置，水蒸气发生器内装水至约2/3处，加甲基红指示剂数滴及数毫升硫酸，以保持水呈酸性，加玻璃珠数粒以防暴沸。

调节好火力，煮沸水蒸气发生器内的水。取 10mL 硼酸溶液（20g/L）置于 100mL 蒸馏液接收瓶中，加混合指示剂 1 滴，将蒸馏液接收瓶置于冷凝管下端，并使冷凝管下端插入液面下。吸取 10.0mL 样品消化稀释液，使其沿小玻璃杯流入反应室中，并用少量水冲洗小玻璃杯使消化稀释液流入反应室内。塞紧棒状玻璃塞，向小玻璃杯内加入 10mL 40% 氢氧化钠溶液，提起棒状玻璃塞，使氢氧化钠溶液缓慢流入反应室，立即塞紧棒状玻璃塞，并在小玻璃杯中加水，使其密封，夹紧螺旋夹，通入水蒸气，蒸馏 5min。移动蒸馏液接收瓶，使冷凝管下端离开液面，再蒸馏 1min，用少量水冲洗冷凝管下端外部，取下蒸馏液接收瓶。

（3）滴定　馏出液立即用盐酸标准溶液 [$c(HCl)$=0.05mol/L] 滴定至灰色（用甲基红-溴甲酚绿为指示剂时）或紫红色即为终点。滴定结果用空白试验校正。

（4）结果计算　按下式进行计算：

$$X = \frac{(V_1 - V_0) c \times 0.014}{m \times (\frac{V_3}{100})} \times F \times 100$$

式中　X——原料牛乳中蛋白质的含量，单位为 g/100g；

V_1——样品消耗盐酸标准溶液的体积，单位为 mL；

V_0——试剂空白消耗盐酸标准溶液的体积，单位为 mL；

c——盐酸标准溶液的浓度，单位为 mol/L；

0.014——与 1mL 盐酸标准溶液 [$c(HCl)$=1mol/L] 相当的氮的质量（g/mmol）；

F——蛋白质换算系数，根据所测样品进行选择（表 5-6）；

m——样品质量，单位为 g；

V_3——测定用消化液的体积，单位为 mL；

100——单位换算常数。

表 5-6　不同农产品原料的蛋白质换算系数

农产品原料	换算系数	农产品原料	换算系数
小麦（整粒）	5.83	可可豆、榛子	5.30
黑麦、燕麦	5.83	椰子、核桃	5.30
大麦、小米	5.83	花生	5.46
大米	5.95	大豆及其制品	5.71
玉米、高粱	6.24	乳及乳制品	6.38
小麦粉及其制品	5.70	蛋	6.25
向日葵籽	5.40	畜禽肉及其制品	6.25
芝麻、南瓜籽	5.40	动物胶	5.55

（5）数据记录　按式计算检测结果，填写记录（表5-7）。

表5-7　原料牛乳中蛋白质的含量检测

样品名称			样品编号		样品质量/g		
检测地点			检测项目		检测依据		
仪器型号名称					检测日期		
计算公式							
计算结果	重复次数	1	2	3	4	……
	样品质量 m/g					
	消化液定容体积 V/mL					
	盐酸标准溶液浓度 c/(mol/L)					
	氮换算为蛋白质的系数 F					
	测定用消化液体积 V_3/mL					
	消化液蒸馏吸收液消耗盐酸标准溶液的体积 V_1/mL					
	空白消耗盐酸标准溶液的体积 V_0/mL					
	蛋白质的含量 X/(g/100g)					
	平均值 $\bar{X}$/(g/100g)					
检验人：				校核人：			

3. 注意事项

1）消化时如不易得到澄清透明的溶液，可将烧瓶放冷后缓缓加入30%过氧化氢2~3滴，以加速反应。

2）若样品中含脂肪或糖分较多，消化的时间要长一些。对于这类样品，要注意避免产生泡沫溢出瓶外造成氮的损失，消化过程中须时时摇动，开始时温度不要太高。

3）氨是否蒸馏完全，可用pH试纸测试馏出液是否呈碱性来进行判断。

4）每蒸馏完一个样品，都应对仪器进行清洗。

5）在消化过程中，加入硫酸钾和硫酸铜可以加速分解过程、缩短消化时间，其中硫酸钾的功用是提高沸点，但加入量不能过多，否则会因为温度过高而造成氮的损失。硫酸铜除了具有催化作用外，在蒸馏时还可以作为碱性反应的指示剂。

6）试验前必须仔细检查蒸馏装置的各个连接处，保证不漏气。所用橡皮管、塞须浸在氢氧化钠溶液（100g/L）中，煮沸10min，然后水洗、水煮，再水洗数次以保证洁净。

7）小心加样，切勿使样品沾污凯氏烧瓶口部、颈部。

8）吸收液也可用硫酸溶液 [c（1/2 H_2SO_4）=0.1mol/L] 代替硼酸溶液，过剩的酸液用氢氧化钠标准溶液 [c（NaOH）=0.1mol/L] 滴定。

任务评价

任务考核评价单

项目			班级			
工作任务			姓名		学号	
序号	任务及技术要求	评分标准	学生自评 10%	小组评价 10%	教师评价 60%	企业评价 20%
1	消化 30分	能正确安装、拆除凯氏烧瓶等消化装置，能合理控制火势大小，能正确判断消化终点				
2	蒸馏 30分	能正确连接微量凯氏定氮蒸馏装置，能正确控制火势大小，能正确判断蒸馏终点				
3	滴定 30分	正确操作酸式滴定管并判断滴定终点				
4	结果计算 10分	原始数据记录准确、完整，书写工整美观；公式正确、正确保留有效数字；测定结果精密度符合标准要求				
得分：						
教师签字：					年	月

实训任务二　乳品中蛋白质氮的测定

一、任务目标

通过技能训练，要求学生了解蛋白质氮测定的原理，掌握检测操作的基本方法。

二、任务实施

1. 材料用具

1）市售商品乳粉。

2）微量凯氏定氮蒸馏装置、玻璃器皿等。

3）试剂。

①醋酸铜溶液（30g/L）、硅酮消泡剂、明矾溶液（100g/L）、硫酸铜、硫酸钾、硫酸、硼酸溶液（20g/L）、40%氢氧化钠溶液。

②混合指示剂。1份1g/L甲基红乙醇溶液与5份1g/L溴甲酚绿乙醇溶液临用时混合；

也可用2份1g/L甲基红乙醇溶液与1份1g/L亚甲基蓝乙醇溶液临用时混合。

③盐酸标准溶液 [c(HCl)=0.05mol/L]。用无水碳酸钠进行标定。

2. 方法步骤

（1）样品处理

1）准确称取乳粉2g置于750mL凯氏烧瓶中，加水约50mL，再加入几粒玻璃珠和1~2滴硅酮消泡剂。将混合物慢慢煮沸，消化0.5h（注意勿煮干）。

2）趁消化液尚热时，加入2mL明矾溶液（100g/L），摇匀后重新加热至恰好沸腾。加入50mL醋酸铜溶液（30g/L），充分混合，冷却后过滤，用50mL冷水洗涤烧瓶及沉淀。

（2）蛋白质氮的测定　将滤纸和沉淀放回原凯氏烧瓶中，用凯氏定氮法测定氮含量。

（3）非蛋白质氮的测定　将滤液转入另一个清洁的凯氏烧瓶中，用凯氏定氮法测定其氮含量。

（4）结果计算　按下式进行计算：

$$X = (V_1 - V_2) \times c \times 14.01 \times \frac{100}{m} \times 1000$$

式中　　X——蛋白质氮的含量，单位为g/100g；

V_1——沉淀/滤液吸收液消耗盐酸标准溶液的体积，单位为mL；

V_2——空白消耗盐酸标准溶液的体积，单位为mL；

c——盐酸标准溶液浓度，单位为mol/L；

m——样品质量，单位为g；

14.01——氮的摩尔质量（g/mol）；

100，1000——单位换算常数。

（5）数据记录　按式计算检测结果，填写记录（表5-8）。

表5-8　乳品中蛋白质氮的测定

样品名称			样品编号		样品质量/g				
检测地点			检测项目		检测依据				
仪器型号名称			检测日期						
计算公式									
计算结果	重复次数				1	2	3	4	……
	样品质量 m/g								
	盐酸标准溶液浓度 c/(mol/L)								
	测定用消化液体积 V_3/mL								
	沉淀/滤液吸收液消耗盐酸标准溶液的体积 V_1/mL								

（续）

	计算结果	空白消耗盐酸标准溶液的体积 V_2/mL			
		蛋白质氮含量 X/（g/100g）			
		平均值 $\bar{X}$/（g/100g）			

检验人：　　　　　　　　　校核人：

任务评价

任务考核评价单

项目			班级			
工作任务			姓名		学号	
序号	任务及技术要求	评分标准	学生自评 10%	小组评价 10%	教师评价 60%	企业评价 20%
1	样品处理 20 分	能按照操作流程正确处理样品				
2	蛋白质氮的测定 30 分	能按照凯氏定氮法测定滤纸和沉淀中蛋白质氮的含量				
3	非蛋白质氮的测定 30 分	能按照凯氏定氮法测定滤液中非蛋白质氮的含量				
4	结果计算 20 分	原始数据记录准确、完整，书写工整美观；公式正确、正确保留有效数字；测定结果精密度符合标准要求				
得分：						
教师签字：					年	月

任务六　维生素含量的测定

相关知识

维生素是人体必需的一类有机营养素。它们的化学组成差异很大，但对于其他营养素在体内的正常代谢都起着不可缺少的催化作用。维生素一般不能在体内合成，而必须从食物中摄取。根据其溶解性，习惯上将维生素分为两大类：一类为脂溶性维生素，主要包括维生素 A、维生素 D 和维生素 E；一类为水溶性维生素，主要包括 B 族维生素和抗坏血酸、维生素 C。

一、脂溶性维生素的标准测定方法

1. 胡萝卜素的高效液相色谱法（HPLC）（GB 5009.83—2016《食品安全国家标准 食品中胡萝卜素的测定》）

原理：样品经皂化、丙酮 – 石油醚提取，中性氧化铝柱净化后，C_{30} 或 C_{18} 色谱柱分离，检测波长为 450nm。

2. 维生素 A 和维生素 E 的测定方法（GB 5009.82—2016《食品安全国家标准 食品中维生素 A、D、E 的测定》）

（1）高效液相色谱 – 紫外检测法

1）皂化、提取：氢氧化钾 – 乙醇溶液皂化，石油醚 – 乙醚提取。

2）色谱条件：维生素 A，检测波长为 325 nm；维生素 E（$\alpha/\gamma/\delta$ – 生育酚），检测波长为 294 nm。

3）检测限：维生素 A 为 10 μg/100g，维生素 E 为 40μg/100g。

（2）液相色谱 – 串联质谱（LC-MS/MS）法 适用于强化食品或复杂基质，抗干扰能力更强。

3. 维生素 D 的比色法（GB 5009.82—2016《食品安全国家标准 食品中维生素 A、D、E、的测定》）

皂化 –LC-MS/MS 法为主流，避免传统比色法的假阳性问题。

4. 维生素 K_1 的测定方法（GB 5009.158—2016《食品安全国家标准 食品中维生素 K_1 的测定》）

采用 HPLC- 荧光检测法，这也是绿叶蔬菜、植物油中维生素 K_1 的专属方法，检测限为 1.5μg/100g。

二、水溶性维生素的标准测定方法

1. 维生素 B_1 的荧光分光光度法（GB 5009.84—2016《食品安全国家标准 食品中维生素 B_1 的测定》）

本方法适用于各类食物中维生素 B_1（硫胺素）的测定，但不适用于有吸附维生素 B_1 能力的物质和含有影响噻嘧色素荧光物质的样品。

本方法的最低检出限为 0.04mg/100g。

原理：维生素 B_1 在碱性铁氰化钾溶液中被氧化成噻嘧色素，在紫外线照射下，噻嘧色素发出荧光。在给定的条件下，以及没有其他荧光物质干扰时，此荧光的强度与噻嘧色素量成正比，即与溶液中维生素 B_1 的量成正比。

如样品中含杂质过多，应经过离子交换剂处理，使维生素 B_1 与杂质分离，然后以所得溶液做测定。

2. 维生素 B_2 的荧光分光光度法（GB 5009.85—2016《食品安全国家标准 食品中维生素 B_2 的测定》）

本方法适用于各类食品中维生素 B_2（核黄素）的测定。

原理：维生素 B_2 在 440~500nm 波长光照射下发生黄绿色荧光。在稀溶液中其荧光强度与维生素 B_2 的浓度成正比。在波长 525nm 下测定其荧光强度。试液再加入连二亚硫酸钠（$Na_2S_2O_4$），将维生素 B_2 还原为无荧光的物质，然后再测定试液中残余荧光杂质的荧光强度，两者之差即为试样中维生素 B_2 产生的荧光强度。

3. 抗坏血酸的荧光分光光度法（GB 5009.86—2016《食品安全国家标准 食品中抗坏血酸的测定》）

本方法适用于乳粉、蔬菜、水果及其制品中 L（＋）-抗坏血酸总量的测定。

原理：试样中 L（＋）-抗坏血酸经活性炭氧化为 L（＋）-脱氢抗坏血酸后，与邻苯二胺（OPDA）反应生成有荧光的喹喔啉，其荧光强度与 L（＋）-抗坏血酸的浓度在一定条件下成正比，以此测定试样中 L（＋）-抗坏血酸总量。

L（＋）-脱氢抗坏血酸与硼酸可形成复合物而不与 OPDA 反应，以此排除试样中荧光杂质产生的干扰，最小检出限为 0.044mg/100g。

4. 抗坏血酸的 2,6-二氯靛酚滴定法（GB 5009.86—2016《食品安全国家标准 食品中抗坏血酸的测定》）

本方法可用于水果、蔬菜及其制品中 L（＋）-抗坏血酸的测定。

原理：用蓝色的碱性染料 2,6-二氯靛酚标准溶液对含 L（＋）-抗坏血酸的试样酸性浸出液进行氧化还原滴定，2,6-二氯靛酚被还原为无色，当到达滴定终点时，多余的 2,6-二氯靛酚在酸性介质中显浅红色，由 2,6-二氯靛酚的消耗量计算样品中 L（＋）-抗坏血酸的含量。

实训任务 鲜枣中抗坏血酸的测定（2,6-二氯靛酚滴定法）

抗坏血酸是人体不可缺少的营养物质，广泛存在于新鲜果蔬及其他绿色植物中，鲜枣、柑橘、番茄、辣椒、猕猴桃、山楂等果蔬中含量较多，野生果实如沙棘、刺梨含量尤多。检测抗坏血酸的含量，可为判定果蔬的新鲜程度、开发野生资源、食品药品加工企业制定生产工艺和研究配方提供参考依据。

染料 2,6-二氯靛酚的颜色反应表现了两种特性：一是取决于其氧化还原状态，氧化态为深蓝色，还原态为无色；二是受其介质的酸度影响，在碱性溶液中呈深蓝色，在酸性介质中呈浅红色。

抗坏血酸是一种己糖醛基酸，有抗坏血病的作用，所以又被人们称作抗坏血酸，主要有还原型及氧化型两种。

一、任务目标

了解2,6-二氯靛酚滴定法检测抗坏血酸的原理，掌握检测操作的基本方法。

二、任务实施

1. 材料用具

1）鲜枣。

2）试剂。

①偏磷酸溶液（20g/L）、草酸溶液（20g/L）。

②抗坏血酸标准溶液（1mg/mL）。准确称取100mg抗坏血酸，溶于20g/L草酸中，移入100mL容量瓶中，用20g/L草酸定容，要求现配现用。

③2,6-二氯靛酚溶液。称取碳酸氢钠52mg溶解在200mL热蒸馏水中，然后称取2,6-二氯靛酚50mg溶解在上述碳酸氢钠溶液中，冷却定容至250mL，过滤于棕色瓶中，保存于冰箱内，每周标定1次。

2. 方法步骤

（1）2,6-二氯靛酚溶液的标定　吸取1mL抗坏血酸标准溶液于50mL锥形瓶中，加入10mL草酸溶液（20g/L），摇匀，用2,6-二氯靛酚溶液滴定至溶液呈粉红色，保持15s不褪色为终点。同时另取10mL草酸溶液（20g/L）做空白试验，计算滴定度T。

$$T = \frac{c \times V}{V_1 - V_2}$$

式中　T——2,6-二氯靛酚溶液的滴定度，即每毫升2,6-二氯靛酚溶液相当于抗坏血酸的毫克数，单位为mg/mL；

c——抗坏血酸标准溶液的质量浓度，单位为mg/mL；

V——吸取抗坏血酸标准溶液的体积，单位为mL；

V_1——滴定抗坏血酸消耗2,6-二氯靛酚溶液的体积，单位为mL；

V_2——滴定空白消耗2,6-二氯靛酚溶液的体积，单位为mL。

（2）样品制备　称取鲜枣的可食部分100g，放入研钵中，加100mL草酸（20g/L），迅速捣成匀浆。称取10~40g浆状样品，用草酸（20g/L）将样品移入100mL容量瓶中，并稀释至刻度，摇匀过滤。

（3）滴定　吸取10mL滤液放入50mL锥形瓶中，用已经标定过的2,6-二氯靛酚溶液滴定，直至溶液呈粉红色15s不褪色为止。同时做空白试验。

（4）结果计算　按下式进行计算：

$$X = \frac{(V-V_0) \times T \times A}{m} \times 100$$

式中　X——抗坏血酸含量，单位为 mg/100g；

　　　V——滴定样液消耗 2,6- 二氯靛酚溶液的体积，单位为 mL；

　　　V_0——滴定空白消耗 2,6- 二氯靛酚溶液的体积，单位为 mL；

　　　T——2,6- 二氯靛酚溶液的滴定度，单位为 mg/mL；

　　　A——稀释倍数；

　　　m——样品质量，单位为 g。

（5）数据记录　平行测定结果用算术平均值表示，取 3 位有效数字（表 5-9）。

表 5-9　鲜枣中抗坏血酸的测定

样品名称			样品编号			样品质量 /g		
检测地点			检测项目			检测依据		
仪器型号名称					检测日期			
计算公式								
计算结果	重复次数	1	2	3	4	……		
	样品质量 m/g							
	滴定样液消耗 2,6- 二氯靛酚溶液的体积 V/mL							
	滴定空白消耗 2,6- 二氯靛酚溶液的体积 V_0/mL							
	2,6- 二氯靛酚染料的滴定度，T/（mg/mL）							
	稀释倍数 A							
	平均值 X/（mg/100g）							
检验人：			校核人：					

3. 注意事项

1）2,6- 二氯靛酚滴定法测定的是 L（+）- 抗坏血酸（还原型抗坏血酸），方法简便，较灵敏，但特异性差，样品中的其他还原性物质（如铁离子、铜离子等）会干扰测定，使测定结果偏高。

2）所有试剂的配制最好使用重蒸馏水。

3）整个操作过程中要迅速，避免 L（+）- 抗坏血酸被氧化。

4）在处理样品时，如遇有泡沫产生，可加入数滴辛醇消除。

5）测定样液时，需做空白试验，样液滴定体积扣除空白体积。

任务评价

任务考核评价单

项目			班级			
工作任务			姓名		学号	
序号	任务及技术要求	评分标准	学生自评 10%	小组评价 10%	教师评价 60%	企业评价 20%
1	2,6-二氯靛酚溶液的标定 25 分	能正确标定溶液，能正确判断终点				
2	样品制备 25 分	能正确处理红枣，制备待测溶液				
3	滴定 25 分	正确使用滴定管并判断滴定终点				
4	结果计算 25 分	原始数据记录准确、完整，书写工整美观，公式正确、正确保留有效数字，测定结果精密度符合标准要求				
得分：						
教师签字：					年	月

任务七 矿物质元素的测定

相关知识

一、钙含量的测定

钙是人体必需的微量元素，为了增加食品的营养价值，常将钙作为食品营养强化剂使用。我国制定了 GB 14880—2012《食品安全国家标准 食品营养强化剂使用标准》，将柠檬酸钙、葡萄糖酸钙、碳酸钙、乳酸钙、磷酸钙确定为钙元素强化源，并规定符合卫生标准的骨粉等也允许使用。测定方法及原理如下：

1. 火焰原子吸收光谱法

本方法适用于各种食物中钙含量的测定。原理为试样经消解处理后，加入镧溶液作为释放剂，经原子吸收火焰原子化，在 422.7nm 处测定的吸光度值在一定浓度范围内与钙含量成正比，与标准系列比较定量。

2. EDTA 滴定法

原理：钙与氨羧络合剂能定量地形成金属络合物，其稳定性比钙与指示剂所形成的络合物强。在适当的 pH 范围内，钙与乙二胺四乙酸二钠（EDTA-2Na）形成金属络合物。以 EDTA-2Na 滴定，在达到当量点时，溶液呈现游离指示剂的颜色（终点）。根据 EDTA-2Na 用量，可计算钙的含量。

二、铜含量的测定

铜是人体必需的微量元素，对造血、细胞生长、某些酶的活性及内分泌等功能有重要作用，但摄入过多则会发生中毒。铜盐类比金属铜毒性大。羊口服硫酸铜的一次最低致死量为每千克体重 5mg。人口服一次致吐量为 500mg，致死量为 10g。铜的化合物应用很广，在工业上硫酸铜用作染色，农业上用以配制波尔多液等杀虫剂，医疗上用作眼药；碱性乙酸铜俗称铜绿，用作油漆颜料、织物染色、杀虫剂、除霉剂等；氧化铜和氧化亚铜常用作玻璃着色和电镀；碳酸铜用作杀虫剂、颜料、焰火、收敛剂等。食品中铜的来源一般为容器的污染、杀虫剂、除霉剂的残留，以及工业"三废"的污染。

火焰原子吸收光谱法：样品经处理后，导入原子吸收分光光度计（原子吸收光谱仪）中，原子化以后，在 324.8nm 处测定吸光度，其吸收量与铜含量成正比，与标准系列比较定量。铜的火焰原子吸收测定的最佳浓度范围为 0.2~10μg/mL，标准液浓度为 4.0μg/mL 的吸光度为 0.2，国际版标准系列浓度较低，本书做了改动。铜含量低于 20ng/mL 时，应预先浓缩富集，或改用石墨炉测定方式。

实训任务一　农产品中钙的测定（火焰原子吸收光谱法）

试样经消解处理后，加入镧溶液作为释放剂，经原子吸收火焰原子化，在 422.7nm 处测定的吸光度值在一定浓度范围内与钙含量成正比，与标准系列比较定量。

一、任务目标

掌握利用火焰原子吸收光谱法，准确测定农产品中的钙元素含量的方法。

二、任务实施

1. 材料用具

1）新鲜牛乳。

2）原子吸收分光光度计（配火焰原子化器、钙空心阴极灯）、分析天平（感量为 1mg 和 0.1mg）、微波消解系统（配聚四氟乙烯消解内罐）、可调式电热炉、可调式电热板、压力消解罐（配聚四氟乙烯消解内罐）、恒温干燥箱、马弗炉。

3）试剂。

①硝酸、高氯酸、盐酸、氧化镧。

②硝酸溶液（5+95）。量取 50mL 硝酸，加入 950mL 水，混匀。

③硝酸溶液（1+1）。量取 500mL 硝酸，与 500mL 水混合均匀。

④盐酸溶液（1+1）。量取 500mL 盐酸，与 500mL 水混合均匀。

⑤镧溶液（20g/L）。称取 23.45g 氧化镧，先用少量水湿润后再加入 75mL 盐酸溶液（1+1）溶解，转入 1000mL 容量瓶中，加水定容至刻度，混匀。

⑥碳酸钙（$CaCO_3$，CAS 号：471-34-1）。纯度大于 99.99%，或经国家认证并授予标准物质证书的一定浓度的钙标准溶液。

⑦钙标准储备液（1000mg/L）。准确称取 2.4963g（精确至 0.0001g）碳酸钙，加盐酸溶液（1+1）溶解，移入 1000mL 容量瓶中，加水定容至刻度，混匀。

⑧钙标准中间液（100mg/L）。准确吸取钙标准储备液（1000mg/L）10mL 于 100mL 容量瓶中，加硝酸溶液（5+95）至刻度，混匀。

⑨钙标准系列溶液。分别吸取钙标准中间液（100 mg/L）0mL、0.500mL、1.00mL、2.00mL、4.00mL、6.00mL 于 100mL 容量瓶中，另在各容量瓶中加入 5mL 镧溶液（20g/L），最后加硝酸溶液（5+95）定容至刻度，混匀。此钙标准系列溶液中钙的质量浓度分别为 0mg/L、0.500mg/L、1.00mg/L、2.00mg/L、4.00mg/L 和 6.00mg/L（可根据仪器的灵敏度及样品中钙的实际含量确定标准溶液系列中元素的具体浓度）。

2. 方法步骤

（1）试样制备　粮食、豆类样品去除杂物后，粉碎，储于塑料瓶中；蔬菜、水果、鱼类、肉类等样品用水洗净，晾干，取可食部分，制成匀浆，储于塑料瓶中；饮料、酒、醋、酱油、食用植物油、液态乳等液体样品，摇匀。

（2）工作条件　火焰原子吸收光谱法测定钙元素参考条件见表 5-10。

表 5-10　火焰原子吸收光谱法测定钙元素参考条件

元素	波长 /nm	狭缝 /nm	灯电流 /mA	燃烧头高度 / mm	空气流量 / （L/min）	乙炔流量 / （L/min）
钙	422.7	1.3	5~15	3	9	2

（3）标准曲线制作　将钙标准系列溶液按浓度由低到高的顺序分别导入火焰原子化器，测定吸光度值，以标准系列溶液中钙的质量浓度为横坐标，相应的吸光度值为纵坐标，制作标准曲线。

（4）样品处理（湿法消化）　准确称移取液体试样 0.5~5mL 于带刻度消化管中，加入 10mL 硝酸、0.5mL 高氯酸，在可调式电热炉上消解（参考条件为 120℃ /0.5h~120℃ /1h，升至 180℃ /2h~180℃ /4h，再升至 200~220℃）。若消化液呈棕褐色，再加硝酸，消解至冒白烟，消化液呈无色透明或略带黄色。取出消化管，冷却后用水定容至 25mL，再根据实际测定需要稀释,并在稀释液中加入一定体积的镧溶液(20g/L),使其在最终稀释液中的浓度为1g/L,混匀备用,此为试样待测液。

(5)空白试验　在同样条件下做一试剂空白。

(6)测定　在与测定标准溶液相同的实验条件下,将空白溶液和试样待测液分别导入原子化器,测定相应的吸光度值,与标准系列比较定量。

(7)结果计算　根据样品与空白的吸光度,从标准曲线上查出金属钙的浓度(μg/mL)。按下式进行计算:

$$X = \frac{(A_1 - A_2) \times V}{m}$$

式中　X——样品中金属的含量,单位为 mg/kg 或 mg/L;
　　　A_1——测定用样品溶液中金属钙的浓度,单位为 mg/L;
　　　A_2——试剂空白中金属钙的浓度,单位为 mg/L;
　　　V——试样消化液的定容体积,单位为 mL;
　　　m——样品质量或移取体积,单位为 g 或 mL。

(8)数据记录　按式计算检测结果,填写记录(表5-11)。

表5-11　农产品中钙的测定

样品名称		样品编号		样品质量/g	
检测地点		检测项目		检测依据	
室温		波长 λ/nm			
仪器型号名称			检测日期		
计算公式					
计算结果	重复次数		1	2	3	4	……
	样品质量或移取体积 m/(g 或 mL)						
	测定用样品溶液中金属钙的浓度 A_1/(mg/L)						
	试剂空白中金属钙的浓度 A_2/(mg/L)						
	试样消化液总体积 V/mL						
	样品中金属的含量 X/(mg/kg 或 mg/L)						
	平均值 $\bar{X}$/(mg/kg 或 mg/L)						

检验人:　　　　　　校核人:

任务评价

任务考核评价单

项目			班级			
工作任务			姓名		学号	
序号	任务及技术要求	评分标准	学生自评 10%	小组评价 10%	教师评价 60%	企业评价 20%
1	工作条件的选择 20 分	合理设置原子吸收分光光度计工作条件				
2	标准曲线的制作 15 分	配制标准系列溶液，按照原子吸收分光光度计测定金属钙的工作条件，正确测量并制作标准曲线				
3	样品处理 20 分	能正确按照湿法消化法处理样品并得到待测液				
4	空白试验 5 分	是否开展空白试验				
5	测定 20 分	按照工作条件操作原子吸收仪器，并测定样品记录数据				
6	结果计算 20 分	原始数据记录准确、完整，书写工整美观；公式正确、正确保留有效数字；测定结果精密度符合标准要求				
得分：						
教师签字：					年	月

实训任务二 农产品中铜的测定（电感耦合等离子体质谱法）

样品经微波消解后，采用电感耦合等离子体质谱法（ICP-MS）直接测定铜元素的含量。本方法基于铜离子在等离子体中电离后，通过质谱仪检测特定质荷比的离子信号强度进行定量分析。

一、任务目标

掌握电感耦合等离子体质谱法测定农产品中铜含量的方法，替代传统的比色法，提高检测的准确性和灵敏度。

二、任务实施

1. 材料用具

1）商品茶叶。

2）电感耦合等离子体质谱仪、微波消解系统、超纯水系统。

3）试剂。硝酸（优级纯）；过氧化氢（30%）；铜标准溶液[1000mg/L，GBW（E）085385]；内标溶液（如 ^{72}Ge、^{115}In、^{103}Rh 等）；超纯水[电阻率大于或等于18.2（MΩ·cm）]。

2. 方法步骤

（1）样品前处理

1）准确称取 0.5g 样品于微波消解罐中。

2）加入 6mL 硝酸和 2mL 过氧化氢。

3）按照微波消解程序进行消解：室温→120℃（5min），120℃→180℃（5min），180℃保持 20min。

4）冷却后，将消解液转移至 50mL 容量瓶，用超纯水定容。

（2）仪器分析

1）电感耦合等离子体质谱仪工作条件。射频功率为 1550W，等离子体气流量为 15L/min，辅助气流量为 0.4L/min，载气流量为 0.8L/min，监测同位素 ^{63}Cu、^{65}Cu，内标元素 ^{72}Ge、^{115}In 或 ^{103}Rh。

2）标准曲线制作。配制 0μg/L、1μg/L、5μg/L、10μg/L、50μg/L、100μg/L 的铜标准系列溶液，制作标准曲线。

3）样品测定。依次测定空白、标准系列和样品溶液。

（3）结果计算　按下式进行计算：

$$X = \frac{(c-c_0) \times V \times f}{m \times 1000}$$

式中　X——样品中铜含量，单位为 mg/kg；
　　　c——样品溶液浓度，单位为 μg/L；
　　　c_0——空白溶液浓度，单位为 μg/L；
　　　V——定容体积，单位为 mL；
　　　f——稀释倍数；
　　　m——样品质量，单位为 g；
　　1000——单位换算常数。

（4）数据记录　按式计算检测结果，填写记录（表 5-12）。

表 5-12　农产品中铜的测定

样品名称		样品编号		样品质量 /g	
检测地点		检测项目		检测依据	
室温		波长 λ/nm			
仪器型号名称				检测日期	
计算公式					
计算结果	重复次数	1	2	3	4	……
	样品质量 m/g					
	样品溶液浓度 c/（μg/L）					
	空白溶液浓度 c_0/（μg/L）					
	定容体积 V/（mL）					
	稀释倍数 f					
	样品中铜含量 X/（mg/kg）					
	平均值 $\bar{X}$/（mg/kg）					

检验人：　　　　　　　　校核人：

3. 注意事项

1）所有容器需用 10% 硝酸浸泡过夜，超纯水冲洗干净。

2）样品处理需在洁净环境中进行，避免污染。

3）每批样品需带质控样和加标回收样。

4）本方法检出限为 0.005mg/kg。

任务评价

任务考核评价单

项目			班级			
工作任务			姓名		学号	
序号	任务及技术要求	评分标准	学生自评 10%	小组评价 10%	教师评价 60%	企业评价 20%
1	工作条件的选择 20 分	合理设置电感耦合等离子体质谱仪的工作条件				
2	标准曲线的制作 15 分	配制标准系列溶液，按照电感耦合等离子体质谱仪的工作条件，正确测量并制作标准曲线				

（续）

序号	任务及技术要求	评分标准	学生自评 10%	小组评价 10%	教师评价 60%	企业评价 20%
3	样品处理 20分	能正确处理样品并得到待测液				
4	空白试验 5分	是否开展空白试验				
5	测定 20分	按照工作条件操作电感耦合等离子体质谱仪，并测定样品记录数据				
6	结果计算 20分	原始数据记录准确、完整，书写工整美观；公式正确、正确保留有效数字；测定结果精密度符合标准要求				
得分：						
教师签字：					年	月

实训任务三　农产品中硒的测定（荧光分光光度法）

样品经混合酸消化后，硒化合物被氧化为四价无机硒（Se^{4+}），与2,3-二氨基萘反应生成4,5-苯并苯硒脑，其荧光强度与硒的浓度在一定条件下成正比。用环己烷萃取后于激发波长376nm、发射波长520nm处测定荧光强度，与制作的标准曲线比较定量。

一、任务目标

掌握使用荧光分光光度法准确测定农产品中的硒元素含量的方法，并进行结果计算。

二、任务实施

1. 材料用具

1）大米。

2）荧光分光光度计。

3）试剂。

①环己烷、硝酸、高氯酸、盐酸、氢溴酸、盐酸溶液、氨水（1+1）、盐酸羟氨溶液（100g/L）、混合酸[硝酸-高氯酸（2+1）]。

②去硒硫酸（5+95）。取200mL硫酸，加于200mL水中，再加30mL氢溴酸，混匀，置于沙浴上加热，蒸去硒与水，至出现浓白烟，此时体积应为200mL。

③EDTA溶液[c（EDTA）=0.2mol/L]。称取37g EDTA-2Na，加水并加热溶解，冷

却后稀释至500mL。

④2,3-二氨基萘（1g/L）。称取200mg 2,3-二氨基萘（纯度为95%~98%）于一具塞锥形瓶中，加盐酸溶液[c（HCl）=0.1mol/L]200mL，振摇15min，使其全部溶解。加约40mL环己烷，继续振摇5min，将此液转入分液漏斗中，待溶液分层后，弃去环己烷层，收集2,3-二氨基萘层溶液。如此用环己烷纯化2,3-二氨基萘，直至环己烷中的荧光数值降至最低时为止。将提纯后的2,3-二氨基萘保存于棕色瓶内，加约1cm厚的环己烷覆盖表面，置冰箱内保存。

⑤硒标准贮备液。精确称取100mg元素硒（光谱纯），溶于少量硝酸中，加2mL高氯酸，置沸水浴中加热3~4h，冷却后加入8.4mL盐酸，再置沸水浴中加热2min，准确稀释至1000mL，此贮备液的浓度为100μg/mL。

⑥硒标准使用液。将硒标准贮备液用盐酸溶液[c（HCl）=0.1mol/L]稀释至含硒为0.05μg/mL，于冰箱内保存。

⑦甲酚红指示剂（0.2g/L）。称取50mg甲酚红溶于水中，加氨水（1+1）1滴，待甲酚红完全溶解后加水稀释至250mL。

⑧EDTA混合液。取EDTA[c（EDTA）=0.2mol/L]和盐酸羟氨溶液（100g/L）各5mL，混匀后再加甲酚红指示剂（0.2g/L）5mL，用水稀释至1000mL。

2. 方法步骤

（1）样品处理与消化

1）样品处理。将大米样品用水洗3次，60℃烘干，用不锈钢磨磨成粉，贮藏于塑料瓶中，放一小包樟脑精，密封保存备用。

2）样品消化。称取0.5~2g样品于磨口锥形瓶内，加10mL去硒硫酸（5+95），样品湿润后，再加20mL混合酸放置过夜。第2天于沙浴上逐渐加热，当激烈反应发生后（此时溶液变无色），继续加热至产生白烟，溶液逐渐变为浅黄色即为终点。

（2）测定　于样品消化液中加20mL EDTA混合液，用氨水（1+1）或盐酸调至溶液呈浅红色（或橙色），pH为1.5~2.0。在暗室中进行以下步骤：加3mL 2,3-二氨基萘试剂，混匀，置沸水浴中加热5min，取出立即冷却，加3mL环己烷，振摇4min，将全部溶液移入分液漏斗中，待分层后弃去水层，环己烷层转入具瓶塞试管中，小心勿使环己烷中混入水滴，于激发波长376nm、发射波长520nm处测定4,5-苯并芘硒脑的荧光强度。

（3）标准曲线的制作　准确吸取硒标准使用液0mL、0.2mL、1.0mL、2.0mL、4.0mL，加水至5mL，按样品测定步骤进行操作，硒含量在0.5μg以下时，荧光强度与硒含量呈线性关系。

（4）结果计算　按下式进行计算：

$$X = \frac{C-B}{A-B} \times S \times \frac{1}{m}$$

式中　X——样品中硒的含量，单位为 mg/g；
　　　A——标准管荧光读数；
　　　B——空白管荧光读数；
　　　C——样品管荧光读数；
　　　S——标准管硒含量，单位为 μg；
　　　m——样品质量，单位为 g。

（5）数据记录　按式计算检测结果，填写记录（表5-13）。

表5-13　农产品中硒的测定

样品名称			样品编号		样品质量/g		
检测地点			检测项目		检测依据		
室温			波长 λ/nm				
仪器型号名称				检测日期			
计算公式							
计算结果	重复次数	1	2	3	4	……
	样品质量 m/g					
	标准管荧光读数 A					
	空白管荧光读数 B					
	样品管荧光读数 C					
	标准管硒含量 S/μg					
	样品中硒含量 X/（μg/g）					
	平均值 X/（μg/g）					

检验人：　　　　　　　　　　校核人：

任务评价

任务考核评价单

项目			班级				
工作任务			姓名		学号		
序号	任务及技术要求	评分标准	学生自评 10%	小组评价 10%	教师评价 60%	企业评价 20%
1	工作条件的选择 20 分	合理设置荧光分光光度计工作条件				

(续)

序号	任务及技术要求	评分标准	学生自评 10%	小组评价 10%	教师评价 60%	企业评价 20%
2	标准曲线的制作 15 分	配制标准系列溶液，按照荧光分光光度计条件，正确测量并制作标准曲线				
3	样品处理 20 分	能正确按照湿法消化法处理样品并得到待测液				
4	空白试验 5 分	是否开展空白试验				
5	测定 20 分	按照工作条件操作荧光分光光度计，并测定样品记录数据				
6	结果计算 20 分	原始数据记录准确、完整，书写工整美观；公式正确、正确保留有效数字；测定结果精密度符合标准要求				
得分：						
教师签字：					年	月

课后习题

一、填空题

1．直接干燥法测水分含量时，选用的玻璃器皿是_____，干燥的一般温度是_____。

2．测定水分的器皿可选用是_____，仪器可选用_____。

3．食品的总酸度是指_____，它的大小可用来测定_____；有效酸度是指_____，其大小可用来测定_____；挥发性酸是指_____，其大小可用来测定_____；牛乳酸度是指_____，其大小可用来测定_____。

4．在测定样品的酸度时，所使用的蒸馏水不能含有 CO_2，制备无 CO_2 的蒸馏水的方法是_____。

5．用直接滴定法测定食品中还原糖的含量时，所用的碱性酒石酸铜溶液由两种溶液组成，甲液是_____，乙液是_____；一般用_____标准溶液对其进行标定。滴定时所用的指示剂是_____，掩蔽氧化亚铜的试剂是_____，滴定终点为_____。

6．测定还原糖含量时，对提取液中含有的色素、蛋白质、可溶性果胶、淀粉、单宁等影响测定的杂质必须除去，常用的方法是_____，常用的澄清剂有_____。

二、选择题

1. 标定氢氧化钠溶液所用的基准物质是（　　），标定盐酸溶液所用的基准物是（　　）。
   A. 草酸　　　　B. 邻苯二甲酸氢钾　　C. 碳酸钠　　　　D. 氯化钠

2. 蒸馏挥发酸时，一般用（　　）。
   A. 直接蒸馏法　　B. 减压蒸馏法　　C. 水蒸气蒸馏法　　D. 萃取法

3. 有效酸度是指（　　）。
   A. 用酸度计测出的 pH
   B. 挥发酸和不挥发酸的总和
   C. 被测溶液中 H^+ 总浓度
   D. 样品中未解离的酸和已解离的酸的总和

4. 有机酸的存在影响罐头食品的风味和色泽，主要是因为在金属制品中存在（　　）。
   A. 有机酸与 Fe、Sn 的反应
   B. 有机酸与无机酸的反应
   C. 有机酸与香料的反应
   D. 有机酸可引起微生物的繁殖

5. 测定葡萄的总酸度，其测定结果一般以（　　）表示。
   A. 柠檬酸　　　　B. 苹果酸　　　　C. 酒石酸　　　　D. 乙酸

6. 用酸度计测定试液的 pH 之前，要先用标准（　　）溶液进行校正。
   A. 酸性　　　　B. 碱性　　　　C. 中性　　　　D. 缓冲

7. 在用标准碱溶液测定含色素的饮料的总酸度前，首先应加入（　　）进行脱色处理。
   A. 高岭土　　　　B. 明矾　　　　C. 活性炭　　　　D. 硅胶

8. 索氏抽提法常用的溶剂有（　　）。
   A. 乙醚　　　　B. 石油醚　　　　C. 乙醇　　　　D. 氯仿 – 甲醇

9. 用乙醚作为提取剂时，（　　）。
   A. 允许样品含少量水
   B. 样品应干燥
   C. 浓稠状样品加海砂
   D. 应除去过氧化物

10. 用索氏抽提法测定脂肪时，抽提时间是（　　）。
    A. 虹吸 20 次
    B. 虹吸产生后 2h
    C. 抽提 6h
    D. 用滤纸检查抽提完全为止

11. 直接滴定法在滴定过程中（　　）。
    A. 边加热边振摇
    B. 加热沸腾后取下滴定
    C. 加热保持沸腾，无须振摇
    D. 无须加热沸腾即可滴定

12. （　　）测定是糖类定量的基础。
    A. 还原糖　　　　B. 非还原糖　　　　C. 葡萄糖　　　　D. 淀粉

13. 直接滴定法在测定还原糖含量时用（　　）作为指示剂。
    A. 亚铁氧化钾　　B. Cu^{2+} 的颜色　　C. 硼酸　　　　D. 亚甲蓝

14．为消除反应产生的红色氧化亚铜沉淀对滴定的干扰，加入的试剂是（　　）。
　　A．醋酸锌　　　　B．亚铁氰化钾　　　C．醋酸铅　　　　D．氢氧化钠
15．碱性酒石酸铜甲液、乙液（　　）。
　　A．分别保存，临用时混合　　　　　　B．可混合保存，临用时稀释
　　C．分别保存，临用时稀释并混合使用　D．混合保存
16．凯氏定氮法测蛋白质含量时，所用的消化剂是（　　）。
　　A．硫酸钠－硫酸钾　　　　　　　　　B．硝酸钠－硫酸钾
　　C．硫酸铜－硫酸铝　　　　　　　　　D．硫酸铜－硫酸钾
17．K_2SO_4，在凯氏定氮法消化过程中的作用是（　　）。
　　A．催化　　　　　B．显色　　　　　　C．氧化　　　　　D．提高温度
18．凯氏定氮法碱化蒸馏后，用（　　）作为吸收液。
　　A．硼酸溶液　　　B．氢氧化钠溶液　　C．萘氏试液　　　D．蒸馏水
19．能促进钙吸收的措施是（　　）。
　　A．经常在户外晒太阳　　　　　　　　B．经常做理疗
　　C．多吃谷类食品　　　　　　　　　　D．多吃蔬菜、水果
20．影响蔬菜中钙吸收的主要因素是（　　）。
　　A．磷酸　　　　　B．草酸　　　　　　C．琥珀酸　　　　D．植酸
21．老年人易出现骨质疏松是由于体内（　　）含量减少引起的。
　　A．铁　　　　　　B．硒　　　　　　　C．钙　　　　　　D．锌
22．膳食中铁的良好来源是（　　）。
　　A．蔬菜　　　　　B．牛奶　　　　　　C．动物肝脏　　　D．谷类

三、判断题

测定样品中的水分时通常用坩埚作为干燥器皿。（　　）

四、简答题

1．何谓总酸度、有效酸度、挥发酸度，食品酸度的测定有何意义？
2．牛乳酸度的定义是什么，如何表示？
3．直接滴定法测定食品总酸度，为何要选酚酞作为指示剂？
4．用水蒸气蒸馏测定挥发酸时，在样品瓶中加入少许磷酸的作用是什么？
5．常用测定脂肪的溶剂有哪些，各自有何优缺点？
6．直接滴定法测定食品中还原糖为什么必须在沸腾条件下进行滴定，且不能随意摇动锥形瓶？
7．什么是蛋白质换算系数，为什么不同试样蛋白质换算系数不同？
8．凯氏定氮法测定蛋白质含量的依据是什么？
9．大多数维生素定量方法中，维生素必须先从食品中提取出来，通常使用哪些方法

提取维生素？对于水溶性维生素和脂溶性维生素，分别给出一个适当的提取方法。

10．测定维生素 A 时，为什么要先用皂化法处理试样？

11．测定水溶性维生素时，从样品中提取浓缩可采用哪些方法？

12．食品中维生素 C 测定的方法有哪些，各自的原理和适用范围是什么？

13．请简述钙、铁、锌的参考摄入量、缺乏与过量的危害。

五、计算题

1．某检验员要测定某种面粉的水分含量，用干燥恒重为 24.3608g 的称量瓶称取试样 2.8720g，置于 100℃的恒温箱中干燥 3h 后，置于干燥器内冷却称重为 27.0328g；重新置于 100℃的恒温箱中干燥 0.5h，完毕后取出置于干燥器冷却后称重为 26.9430g；再置于 100℃的恒温箱中干燥 0.5h，完毕后取出置于干燥器冷却后称重为 26.9422g。被测定的面粉水分含量为多少？

2．称取 120g 固体氢氧化钠，用 100mL 水溶解冷却后置于塑料瓶中，密封数天澄清后，取上层清液 5.60mL，用煮沸并冷却的蒸馏水定容至 1000mL。然后称取 0.3000g 邻苯二甲酸氢钾放入锥形瓶中，用 50mL 水溶解后，加入酚酞指示液后用上述氢氧化钠溶液滴定至终点耗去 15.00mL。现用此氢氧化钠标准溶液测定可乐饮料的总酸度，取可口可乐饮料 10.00mL，用稀释 10 倍的氢氧化钠溶液滴定至终点耗去 10.50mL，可口可乐饮料的总酸度（以柠檬酸计，行业标准中采用的柠檬酸换算系数为 0.070，非理论值）为多少？

3．取 2mL 食醋进行蒸馏，收集馏出液 180mL，滴定馏出液消耗 0.0988mol/L 氢氧化钠标准溶液 10.15mL，空白滴定消耗氢氧化钠标准溶液 0.15mL。求食醋中挥发酸的含量。

4．某检验员对大豆样品中的粗脂肪含量进行检测，操作如下：

1）准确称取已干燥至恒重的接收瓶，质量为 50.2345g。

2）称取粉碎均匀的大豆样品 4.5231g，用滤纸严密包裹好后，放入抽提管内。

3）在已干燥至恒重的接收瓶中注入 2/3 的无水乙醚，并安装好索氏抽提装置，在 45~50℃的水浴中抽提 5h，检查证明抽提完全。

4）冷却后，将接收瓶取下，并与蒸馏装置连接，水浴蒸馏回收至无水乙醇滴出后，取下接收瓶充分挥发乙醇，置于 105℃干燥箱内干燥 2h，取出冷却至室温，称重为 51.8762g，第 2 次同样干燥后称重为 51.8210g，第 3 次同样干燥后称重为 51.8205g，第 4 次同样干燥后重为 51.8208g。

请根据该检验员的数据计算被检大豆样品的粗脂肪含量。

5．用直接滴定法测定某厂生产的硬糖的还原糖含量，称取 2.000g 样品，用适量水溶解后，定容至 100mL。吸取碱性酒石酸铜甲、乙液各 5.00mL 于锥形瓶中，加入 10.00mL 水，加热沸腾后用上述硬糖溶液滴定至终点耗去 9.65mL。已知标定碱性酒石酸铜溶液 10.00mL 耗去 1g/L 葡萄糖溶液 10.15mL，该硬糖中还原糖含量为多少？

6．称取豆饼样品 0.5000g，经过消化、蒸馏、滴定过程进行蛋白质含量测定，滴定时耗用 0.1002mol/L 盐酸溶液 25.70mL，空白试验中耗用的盐酸溶液的体积为 0.15mL。试计算此豆饼中粗蛋白的质量分数。

六、技能训练

1．试设计测定牛肉丸中淀粉含量的试验方案，写出测定原理、主要操作步骤、操作要点及计算公式。

2．现抽取某集团生产的软塑包装的火腿肠 10kg，要求测定其粗蛋白含量。

1）某分析检验员称取经搅碎混匀的火腿肠 0.50g 于 100mL 定氮瓶中。请写出此后的样品处理步骤。

2）将消化液冷却后，转入 100mL 容量瓶中定容，移取消化稀释液 10mL 于凯氏定氮蒸馏装置的反应管中，用水蒸气蒸馏，2% 盐酸吸收后，馏出液用 0.0998mol/L 盐酸滴定至终点，消耗盐酸 5.12mL。计算该火腿肠中的粗蛋白含量。

3）该分析检验员对某牌火腿肠中的粗蛋白含量进行了 5 次平行测定，结果分别为 44.20%、44.15%、44.25%、44.20%、44.10%。请写一份完整的检验评价报告。

3．以新鲜红枣为原料，选择合适的方法测定水果中维生素 C 的含量，写出主要的检测步骤和计算过程。

4．现测定水中铁的含量，请使用原子吸收分光光度法进行实训设计并测定。

项目六 农产品中重金属的测定

项目导学
- 地壳及岩石中含有 80 多种金属元素，这些金属元素可以通过饮食与饮用水进入人体。在这些金属中，一些金属在少量摄入人体后呈现毒性作用，且它们大多数密度较大，这些金属被称为重金属。重金属包括汞、铜、铅、铬、铜、锡等。由这些重金属元素造成的农产品污染称为农产品的重金属污染。

项目目标
- 知识学习目标：掌握重金属基础知识、理解其测定原理与方法、了解相关法规与标准。
- 技能培养目标：熟练掌握测定金属成分的技能。
- 职业情感目标：培养严谨认真的工作态度，增强团队协作与沟通能力，激发持续学习与探索精神。

任务一　铅的测定

◎ 相关知识

一、食品中的铅

铅是具有蓄积性的有害元素，正常情况下人体需求量极少或不需要，或只能耐受极小范围的波动。铅中毒的危害主要表现为对神经系统、血液系统、心血管系统、骨骼系统等终生性的伤害，严重的可以引起死亡。儿童对铅敏感，过量摄入会影响生长发育，导致智力低下。

食品中的铅是体内铅的主要来源。含铅农药的使用，陶瓷食具釉料中的含铅颜料，食品生产中使用含铅量高的镀锡管道、器械或容器，均可直接或间接造成食品的铅污染。

二、农产品中铅的测定

测定农产品中铅的方法很多，参照 GB 5009.12—2023《食品安全国家标准　食品中铅的测定》，铅的测定方法有石墨炉原子吸收光谱法、电感耦合等离子体质谱法、火焰原子吸收光谱法。

实训任务　茶叶中铅的测定（火焰原子吸收光谱法）

通过查阅 GB/T 5009.57—2003《茶叶卫生标准的分析方法》和 GB 5009.12—2023《食品安全国家标准　食品中铅的测定》，小组讨论后制定检验方案，正确测定茶叶样品中铅的含量，并与 GB 2762—2022《食品安全国家标准　食品中污染物限量》规定限量比较，以确定样品中铅含量是否符合要求。

试样经处理后，铅离子在一定 pH 条件下与二乙基二硫代氨基甲酸钠（DDTC）形成络合物，经 4-甲基-2-戊酮（MIBK）萃取分离，导入原子吸收分光光度计中，经火焰原子化，在 283.3nm 处测定吸光度。在一定浓度范围内铅的吸光度值与铅含量成正比，与标准系统比较定量。

一、任务目标

掌握利用火焰原子吸收光谱法测定茶叶中铅含量的方法。

二、任务实施

1. 材料用具

1）茶叶。

2）原子吸收分光光度计（配火焰原子化器，附铅空心阴极灯）、分析天平（感量为 0.1mg 和 1mg）、可调式控温电热炉。

3）试剂。硝酸（优级纯）、高氯酸（优级纯）、硫酸铵溶液（300g/L）、柠檬酸铵溶液（250g/L）、溴百里酚蓝溶液（1g/L）、DDTC 溶液（50g/L）、氨水溶液（1+1）、MIBK、盐酸、铅标准储备液（1000mg/L）、铅标准使用溶液（10mg/L）。

2. 方法步骤

（1）试样处理

1）称取 2 份 0.2~3g 研碎的茶叶试样（精确至 0.001g）于消化管中。

2）加入 10mL 硝酸和 0.5mL 高氯酸，在可调式控温电热炉上消解（参考条件：120℃加热 0.5~1h，升至 180℃加热 2~4h，再升至 200~220℃）。

3）消化液呈无色透明或略带黄色，取出消化管，冷却后用水定容至 10mL，混匀备用。

4）同时做试剂空白试验。

（2）萃取分离

1）分别吸取铅标准使用溶液 0mL、0.250mL、0.500mL、1.00mL、1.50mL 和 2.00mL（相当于 0μg、2.50μg、5.00μg、10.0μg、15.0μg 和 20.0μg 铅）于 125mL 分液漏斗中，补加水至 60mL。

2）将试样消化液及试剂空白溶液分别置于 125mL 分液漏斗中，补加水至 60mL。

3）加 2mL 柠檬酸铵溶液（250g/L），3~5 滴溴百里酚蓝溶液（1g/L），用氨水溶液（1+1）调 pH 至溶液由黄变蓝，加 10mL 硫酸铵溶液（300g/L），10mL DDTC 溶液（50g/L），摇匀。

4）放置 5min 左右，加入 10mL MIBK，剧烈振摇提取 1min，静置分层后，弃去水层，将 MIBK 层放入 10mL 带塞刻度管中，分别制得标准系列溶液、试样溶液和空白溶液，备用。

（3）上机检测

1）参数设定。火焰原子吸收光谱法仪器参考条件见表 6-1。

表 6-1　火焰原子吸收光谱法仪器参考条件

元素	波长/nm	狭缝/nm	灯电流/mA	燃烧头高度/mm	空气流量/(L/min)
铅	283.3	0.5	8~12	6	8

2）测量。将标准系列溶液按质量由低到高的顺序分别导入火焰原子化器，原子化后测其吸光度值。将试样溶液和空白溶液分别导入火焰原子化器，原子化后测其吸光度值。

（4）结果计算　以铅的质量为横坐标，吸光度值为纵坐标，制作标准曲线。将试样溶液和空白溶液的吸光度值与标准系列比较定量。

试样中铅的含量按下式计算：

$$X = \frac{m_1 - m_0}{m_2}$$

式中　X——试样中铅的含量，单位为 mg/kg（或 mg/L）；

m_1——试样溶液中铅的质量，单位为 μg；

m_0——空白溶液中铅的质量，单位为 μg；

m_2——试样称样量或移取体积，单位为 g（或 mL）。

当铅含量大于或等于 10.0mg/kg（或 mg/L）时，计算结果保留 3 位有效数字；当铅含量小于 10.0mg/kg（或 mg/L）时，计算结果保留 2 位有效数字。

在重复性条件下获得的 2 次独立测定结果的绝对差值不得超过算术平均值的 10%。

（5）数据记录　茶叶中铅的测定数据记录见表 6-2。

表 6-2 茶叶中铅的测定数据记录

基本信息	样品名称		样品编号	
	检测地点		检测项目	
	检测依据		检测方法	
计算公式				
检测数据	样品编号	1	2	3
	试样称样量 m_2/g			
	试样溶液中铅的质量 m_1/μg			
	空白溶液中铅的质量 m_2/μg			
	试样中铅的含量 X/(mg/kg)			
	精密度（%）			
	试样中铅含量平均值 $\bar{X}$/(mg/kg)			
结果讨论	样品中铅的平均含量为（根据标准判断是否符合要求）			

3. 注意事项

1）所有玻璃器皿均需用硝酸（1+5）浸泡过夜，用自来水反复冲洗，最后用水冲洗干净。

2）在采样和试样制备过程中，应避免试样受污染。

3）试样消化过程中，加硝酸的时机要把握好，如果消化液未变黑就补加硝酸，则不起作用；如果变黑过久再加硝酸，则析出的炭粒会烧结成块，不易氧化。

任务评价

任务考核评价单

项目			班级				
工作任务			姓名			学号	
序号	任务及技术要求	评分标准	学生自评 10%	小组评价 10%	教师评价 60%	企业评价 20%	
1	试验前准备 20 分	正确进行样品消解，硝酸量适当；定容操作正确					
2	标准系列溶液准备 20 分	标样稀释正确；能正确制备铅标准系列溶液					
3	萃取分离 20 分	加料顺序正确；pH 调节准确；分液漏斗操作正确					

（续）

序号	任务及技术要求	评分标准	学生自评 10%	小组评价 10%	教师评价 60%	企业评价 20%
4	上机检测 20分	正确设置参数；正确操作仪器；正确测量				
5	结果分析 20分	原始数据记录准确、完整，书写工整美观；公式正确、正确保留有效数字；测定结果精密度符合标准要求				
得分：						
教师签字：					年	月

任务二　砷的测定

相关知识

砷的化合物广泛存在于岩石、土壤和水中。在自然界里砷主要以硫化物矿存在，如雄黄（As_4S_4）、雌黄（As_2S_3）、砷硫铁矿等。砷有灰色、黄色和黑色3种同素异形体。砷在常温下与水和空气不发生作用，也不和稀酸作用，但能和强氧化性酸反应。砷的化合物分无机砷和有机砷化合物。有机砷主要为五价，常见的有机砷化合物有对氨基苯砷酸、甲砷酸钠等。无机砷多为三价和五价化合物，常见的有砷化氢、硫化砷、三氧化二砷等。

一、农产品中砷的来源

环境中的砷可以通过各种途径污染农产品，继而经口进入人体造成危害。我国在2000年进行的总膳食研究中发现，我国成年男性标准膳食中无机砷摄入量为0.079mg/d，占暂定每周耐受摄入量（PTWI）的58.6%。因此，通过农产品摄入砷是普通消费者身体中砷的主要来源。农产品中砷的来源主要包括以下几个方面：

（1）天然本底　几乎所有的生物体内均含有砷。

（2）环境中的砷对农产品的污染　在环境化学污染物中，砷是最常见、危害居民健康最严重的污染物之一。

（3）含砷农药对农产品的污染　在我国，砷酸钠、亚砷酸钠、砷酸钙、亚砷酸钙、砷酸铅及砷酸锰是曾经比较常用的含砷农药。

（4）农产品加工过程的砷污染　在农产品的生产加工过程中，食用色素、葡萄糖及无机酸等化合物如果质地不纯，就可能含有较高量的砷而污染农产品。如生产酱油时用盐酸水解豆饼，并用碱中和，如果使用的是砷含量较高的工业盐酸，就会造成酱油含砷量增高。

二、农产品中砷污染对人体的危害

（1）急性砷中毒　多为误服或自杀吞服可溶性砷化合物引起，口服 10~90min 即可出现中毒症状。

（2）慢性砷中毒　除神经衰弱症状外，慢性砷中毒突出表现为多样性皮肤损害和多发性神经炎。砷化合物粉尘可引起刺激性皮炎，好发在胸背部、皮肤皱褶和湿润处。

实训任务　食品中总砷的测定（氢化物发生原子荧光光谱法）

通过查阅 GB 5009.11—2024《食品安全国家标准　食品中总砷及无机砷的测定》，小组讨论后制定检验方案，正确测定食品中总砷的含量，以确定样品中总砷含量是否符合要求。

一、任务目标

掌握利用氢化物发生原子荧光光谱法测定食品中总砷的含量的方法，并进行结果计算。

试样经消解处理后，加入硫脲使五价砷预还原为三价砷，再加入硼氢化钠或硼氢化钾使三价砷还原生成砷化氢，由氩气载入石英原子化器中分解为原子态砷，在砷空心阴极灯的发射光激发下产生原子荧光，其荧光强度在固定条件下与被测液中的砷浓度成正比，外标法定量。

二、任务实施

1. 材料用具

1）分析天平（感量为 0.1mg 和 1mg）、组织匀浆器、高速粉碎机、控温电热板（50~200℃）、马弗炉。

2）氢氧化钠、氢氧化钾、硼氢化钾（分析纯）、硫脲（分析纯）、盐酸、硝酸、硫酸、高氯酸、硝酸镁 [$Mg(NO_3)_2 \cdot 6H_2O$，分析纯]、氧化镁（分析纯）、抗坏血酸（分析纯）。

2. 方法步骤

（1）试样预处理

1）在采样和制备过程中，应注意不使试样污染。

2）粮食、豆类等样品去杂物后粉碎均匀，装入洁净聚乙烯瓶中，密封保存备用。

3）蔬菜、水果、鱼类、肉类及蛋类等新鲜样品，洗净晾干，取可食部分匀浆，装入洁净聚乙烯瓶中，密封，于4℃冰箱冷藏备用。

（2）试样消解

1）湿法消化。固体试样称取 1~2.5g、液体试样称取 5~10g（或 mL），精确至 0.001g，置于50~100mL锥形瓶中，同时做2份试剂空白。加硝酸20mL、高氯酸4mL、硫酸1.25mL，放置过夜。第2天置于电热板上加热消解。若消解液处理至1mL左右时仍有未分解物质或色泽变深，取下放冷，补加硝酸5~10mL，再消解至2mL左右，如此反复2~3次，注意避免炭化。继续加热至消解完全后，再持续蒸发至高氯酸的白烟散尽，硫酸的白烟开始冒出。冷却，加水25mL，再蒸发至冒硫酸白烟。冷却，用水将内容物转入25mL容量瓶或比色管中，加入硫脲+抗坏血酸溶液2mL，补加水至刻度，混匀，放置30min，待测。按同一操作方法做空白试验。

2）干法灰化。称取固体试样1~2.5g，液体试样4mL（或g，精确至0.001g），置于50~100mL坩埚中，同时做2份试剂空白。加150g/L硝酸镁10mL混匀，低热蒸干，将1g氧化镁覆盖在干渣上，于电炉上炭化至无黑烟，移入550℃马弗炉灰化4h。取出放冷，小心加入盐酸溶液（1+1）5~10mL以中和氧化镁并溶解灰分，转入25mL容量瓶或比色管，向容量瓶或比色管中加入硫脲+抗坏血酸溶液2mL，另用硫酸溶液（1+9）分次洗涤坩埚后合并洗涤液至25mL刻度，混匀，放置30min，待测。按同一操作方法做空白试验。

（3）仪器参考条件　负高压为260V；砷空心阴极灯电流为50~80mA；载气为氩气；载气流速为500mL/min；屏蔽气流速为800mL/min；测量方式为荧光强度；读数方式为峰面积。

（4）标准曲线制作　取25mL容量瓶或比色管6支，依次准确加入1.00μg/mL砷标准使用液0mL、0.10mL、0.25mL、0.50mL、1.50mL和3.00mL（分别相当于砷浓度0μg/mL、4μg/mL、10μg/mL、20μg/mL、60μg/mL、120μg/mL），各加硫酸溶液（1+9）12.5mL，硫脲+抗坏血酸溶液2mL，补加水至刻度，混匀后放置30min后测定。

仪器预热稳定后，将试剂空白、标准系列溶液依次引入仪器进行原子荧光强度的测定。以原子荧光强度为纵坐标，砷质量浓度为横坐标制作标准曲线，得到回归方程。

（5）试样溶液的测定　在相同条件下，将空白溶液和样品溶液分别引入仪器进行测定。根据回归方程计算出样品中砷元素的质量浓度。

（6）结果计算　按下式进行计算：

$$X = \frac{(c-c_0) \times V \times 1000}{m \times 1000 \times 1000}$$

式中　X——试样中砷的含量，单位为 mg/kg；
　　　c——试样溶液中砷的含量，单位为 μg/mL；
　　　c_0——空白溶液中砷的含量，单位为 μg/mL；
　　　V——试样消化液总体积，单位为 mL；
　　　m——试样质量，单位为 g；
　　　1000——换算系数。

计算结果保留2位有效数字。

（7）数据记录　食品中砷的测定数据记录见表6-3。

表 6-3　食品中砷的测定数据记录

基本信息	样品名称			样品编号	
	检测地点			检测项目	
	检测依据			检测方法	
计算公式					
检测数据	样品编号		1	2	3
	试样质量 m/g				
	试样溶液中砷的含量 $c/$（μg/mL）				
	空白溶液中砷的含量 $c_0/$（μg/mL）				
	试样中砷的含量 $X/$（mg/kg）				
	精密度（％）				
	试样中砷含量平均值 $\bar{X}/$（mg/kg）				
结果讨论	样品中砷的平均含量为（根据标准判断是否符合要求）				

任务评价

任务考核评价单

项目			班级		
工作任务			姓名		学号

序号	任务及技术要求	评分标准	学生自评 10%	小组评价 10%	教师评价 60%	企业评价 20%
1	试样预处理 10 分	正确进行样品预处理，避免交叉污染				
2	试样消解 20 分	能正确选择消解方法，正确操作仪器，并进行空白试验				
3	仪器参考条件设置 10 分	能根据实际情况设定仪器设备操作条件				
4	标准曲线制作 20 分	标样稀释正确；能正确制备砷标准系列溶液，并制作标准曲线				
5	上机检测 20 分	正确操作仪器；正确测量				
6	结果分析 20 分	原始数据记录准确、完整，书写工整美观；公式正确、正确保留有效数字；测定结果精密度符合标准要求				
得分：						
教师签字：					年　　月	

任务三　镉的测定

相关知识

镉呈银白色，略带浅蓝光泽，质软，在自然界是比较稀有的元素，在地壳中含量为 0.1~0.2mg/kg。镉在潮湿空气中可缓慢氧化并失去光泽，加热时生成棕色的氧化层。镉蒸气燃烧产生棕色的烟雾。镉与硫酸、盐酸和硝酸作用生成相应的镉盐。镉对盐水和碱液有良好的抗蚀性能。镉的氧化物呈棕色，硫化物呈鲜艳的黄色，是一种很难溶解的颜料。

一、镉对农产品的污染

1. 植物性食物

植物性农产品中的镉主要来源于冶金、冶炼、陶瓷、电镀工业及化学工业（如电池、塑料添加剂、食品防腐剂、杀虫剂、颜料）等排出的"三废"。在较严重的污染源地区，其下风口种植的蔬菜的镉含量可达到 0.5~32mg/kg。锌铅矿附近 250m 范围内种植的水稻的镉含量可达 1mg/kg。含镉煤、燃料油和废弃物的燃烧，可以使空气遭到镉的污染。含镉废渣、污泥或含镉肥料的使用和含镉污水灌溉，会使土壤中镉的含量增加，农作物吸收土壤中的镉后，可造成农产品污染。不同作物对土壤中镉的吸收能力是不同的，一般蔬菜镉含量比谷类作物籽粒中的高，蔬菜中叶菜、根菜类镉含量高于瓜果类。

2. 动物性食物

动物性食物中的镉也主要来源于环境。在污染环境中，镉在动物体内有明显的生物蓄积倾向，水产品中的镉含量相当高。由于污染的水体具有较大的迁移性，河流湖泊的底泥长期接纳污水而富含镉，使水体中浮游植物含有较高水平的镉，造成以浮游植物为食的水生动物体内蓄积大量的镉。某些可食性甲壳类动物（如蟹、龙虾）也含有相当高的镉，通常以在肝脏、胰腺或蟹黄中蓄积为主。某些水生脊椎动物的肾脏也含有大量的镉。陆生动物中镉的蓄积还与其寿命有关，一些寿命较长的哺乳动物（如马）的肝脏和肾脏常常蓄积大量的镉。

3. 饮料中的镉

乳品饮料中镉含量一般低于 1μg/L，除非饲料中镉含量较高。其他饮料和饮用水中镉含量较高，主要原因是饮料在加工和贮藏过程中受到了污染。采用电镀（含镉）的容器、蓄水池及水管或者污染的水源是饮料（包括水）中镉含量高的主要原因。

二、农产品中镉污染对人体的危害

一般情况下，大多数农产品均含有镉，主食（米、面粉）镉含量小于 0.1mg/kg，蔬菜、水果镉含量平均为 0.3mg/kg，而淡水鱼、肉类一般低于 0.1mg/kg，动物内脏（肝脏、肾脏）的较高，可达 1~2mg/kg（湿重）。镉污染地区的农产品镉含量会明显增加。生活在含镉工业废水中的鱼、贝类镉含量可增加数百倍。日本镉污染区稻米平均镉含量高达 1~41mg/kg。人体摄入镉污染的农产品和饮用水，可导致镉的摄入量由非污染区的 10~40μg/d，增加到污染区的 150~200μg/d。摄入镉污染的农产品和饮用水，可导致人体发生镉中毒。

1. 急性毒性

镉为有毒元素，其化合物毒性更大。自然界中，镉的化合物具有不同的毒性。急性中毒者主要表现为恶心、流汗、呕吐、腹痛、腹泻，继而引起中枢神经中毒症状。严重者可因虚脱而死亡。

2. 亚慢性和慢性毒性

（1）肾毒性　对肾脏的危害主要是损害近曲肾小管和肾小球。长期摄入含镉农产品，可使肾脏发生慢性中毒，导致肾小管的重吸收发生障碍，出现氨基酸尿和糖尿；肾小球滤过能力增加，尿钙、尿蛋白和尿酸排出增加，导致尿中晶体－胶体关系改变。一般认为镉所致的肾损伤是不可逆的。

（2）骨软化症　当镉进入人体后，由于镉离子取代了骨骼中的钙离子，从而妨碍钙在骨骼上的正常沉积，同时也妨碍骨胶原的正常固化成熟，导致对骨的损害。在第二次世界大战后，日本某些地方曾因为长期食用含高浓度镉的大米而引起慢性镉中毒症。该病的症状是骨软化、多孔，全身重度疼痛，轻微碰撞即可发生多发性病理性骨折，常呈佝偻状，身高可降低 30cm 以上。

3. 致畸、致突变和致癌

国际癌症研究中心（IARC）将镉定为 I 级致癌物。镉可引起肺、前列腺和睾丸的肿瘤。在实验动物体内，镉可引起皮下注射部位、肝脏、肾脏和血液系统的病变。镉具有弱致突变性，其致癌作用与损伤 DNA、影响 DNA 的修复及促进细胞增生有关。

镉还能引起贫血。一方面镉在肠道内可阻碍铁的吸收，另一方面当摄入大量镉后，可使尿中铁的排出增加。镉还可能抑制骨髓血红蛋白的合成。镉能诱导染色体畸变，动物实验也表明，镉对多种器官有致畸作用。锌是镉的拮抗元素，可减缓镉的毒性作用。

▶▶ 实训任务　食品中镉的测定（石墨炉原子吸收光谱法）

通过查阅 GB 5009.15—2023《食品安全国家标准　食品中镉的测定》，小组讨论后制定检验方案，正确测定食品中镉的含量，以确定样品中镉含量是否符合要求。

一、任务目标

掌握利用石墨炉原子吸收光谱法测定食品中镉含量的方法，并进行结果计算。

试样消解处理后，经石墨炉原子化，在228.8nm处测定吸光度。在一定浓度范围内镉的吸光度值与镉含量成正比，与标准系列溶液比较定量。

二、任务实施

1. 材料用具

1）原子吸收分光光度计（配石墨炉原子化器，附镉空心阴极灯）、电子天平（感量为0.1mg和1mg）、可调温式电热板或可调温式电炉、样品粉碎设备（匀浆机、高速粉碎机）、马弗炉、恒温干燥箱、压力消解罐、微波消解系统（配聚四氟乙烯或其他合适的压力罐）。

2）硝酸、高氯酸、磷酸二氢铵、硝酸钯、氯化镉、镉标准储备液、镉标准中间液、镉标准系列工作溶液。

2. 方法步骤

（1）试样制备

1）干试样。豆类、谷物、菌类、茶叶、干制水果、焙烤食品等低含水量样品，取可食部分，必要时经高速粉碎机粉碎均匀；固体乳制品、蛋白粉、面粉等呈均匀状的粉状样品，摇匀。

2）鲜试样。蔬菜、水果、水产品等高含水量样品，必要时洗净，晾干，取可食部分匀浆均匀；肉类、蛋类等样品，取可食部分匀浆均匀。

3）速冻及罐头食品。经解冻的速冻食品及罐头样品，取可食部分匀浆均匀。

4）液态试样。软饮料、调味品等样品摇匀。

5）半固态样品。搅拌均匀。

（2）试样消解　可根据实验室条件选用以下任何一种方法消解，称量时应保证样品的均匀性。

1）压力消解罐消解。固体试样称取0.2~1g（精确至0.001g，含水较多的样品可适当增加取样量至2g），液体试样准确移取或称取0.5~5mL（g，精确至0.001g）于消解内罐中，含乙醇或二氧化碳的样品先低温加热除去乙醇或二氧化碳，加入5~10mL硝酸。盖好内盖，旋紧不锈钢外套，放入恒温干燥箱，于140~160℃下保持4~5h。必要时，在加酸后加盖放置1h或过夜后再旋紧不锈钢外套，放入恒温干燥箱消解试样。冷却后缓慢旋松不锈钢外套，取出消解内罐，于140~160℃赶酸至1mL左右。冷却后将消化液转移至10mL或25mL容量瓶中，用少量水洗涤内罐和内盖2~3次，合并洗涤液于容量瓶中并用水定容至刻度，混匀备用。同时做空白试验。

2）微波消解。固体试样称取0.2~0.5g（精确至0.001g，含水较多的样品可适当增加取样量至1g），液体试样准确移取或称取0.5~3mL（g，精确至0.001g）于微波消解罐中，含乙醇或二氧化碳的样品先低温加热除去乙醇或二氧化碳，加入5~10mL硝酸，按照微波消解的操作步骤消解试样。必要时，在加酸后加盖放置1h或过夜后再按照微波消解的操作步骤消解试样。冷却后取出消解罐，于140~160℃赶酸至1mL左右。消解罐放冷后，将消化液转移至10mL或25mL容量瓶中,用少量水洗涤消解罐2~3次,合并洗涤液于容量瓶中并用水定容至刻度,混匀备用。同时做空白试验。

3)湿法消解。固体试样称取0.2~3g(精确至0.001g),液体试样准确移取或称取0.5~5mL(g,精确至0.001g)于带刻度消化管中,含乙醇或二氧化碳的样品先低温加热除去乙醇或二氧化碳,加入10mL硝酸和0.5mL高氯酸,在可调式电炉上消解(参考条件:120℃保持0.5~1h,升至180℃保持2~4h,升至200~220℃)。若消化液呈棕褐色,冷却后,再加少量硝酸,消解至冒白烟,消化液呈无色透明或略带黄色,赶酸至1mL左右后取出消化管,冷却后用水定容至10mL或25mL,混匀备用。同时做空白试验。也可采用锥形瓶,于可调式电热板上,按上述操作方法进行湿法消解。

(3)仪器参考条件　根据所用仪器型号将仪器调至最佳状态。石墨炉原子吸收光谱法仪器参考条件见表6-4。

表6-4　石墨炉原子吸收光谱法仪器参考条件

元素	波长/nm	狭缝/nm	灯电流/mA	干燥		灰化		原子化	
				温度/℃	时间/s	温度/℃	时间/s	温度/℃	时间/s
镉	228.8	0.8	5~7	85~120	30~50	450~650	15~30	1500~2000	4~54

(4)标准曲线制作　按质量浓度由低到高的顺序分别取10μL标准系列溶液、5μL磷酸二氢铵-硝酸钯混合溶液(可根据使用仪器选择最佳进样量),同时注入石墨管,原子化后测其吸光度值,以质量浓度为横坐标,吸光度值为纵坐标,绘制标准曲线。

(5)试样溶液测定　在测定标准曲线相同的试验条件下,吸取10μL空白溶液或试样消化液、5μL磷酸二氢铵-硝酸钯混合溶液(可根据使用仪器选择最佳进样量),同时注入石墨管,原子化后测其吸光度值。根据标准曲线得到待测液中镉的质量浓度。若测定结果超出标准曲线范围,用硝酸溶液(5+95)稀释后测定。

(6)结果计算　按下式进行计算:

$$X = \frac{(c_1 - c_0) \times f \times V}{m \times 1000}$$

式中　X——试样中的镉含量,单位为mg/kg(或mg/L);
　　　c_1——试样溶液中的镉含量,单位为μg/mL;
　　　c_0——空白溶液中的镉含量,单位为μg/mL;
　　　V——试样消化液定容体积,单位为mL;
　　　m——试样质量或体积,单位为g或mL;
　　　f——稀释倍数;
　　1000——换算系数。

(7)数据记录　食品中镉的测定数据记录见表6-5。

表 6-5　食品中镉的测定数据记录

基本信息	样品名称		样品编号	
	检测地点		检测项目	
	检测依据		检测方法	
计算公式				
检测数据	样品编号	1	2	3
	试样质量 m/g			
	试样溶液中的镉含量 c_1/（μg/mL）			
	空白溶液中的镉含量 c_0/（μg/mL）			
	试样中的镉含量 X/（mg/kg）			
	精密度（%）			
	试样中的镉含量平均值 $\bar{X}$/（mg/kg）			
结果讨论	样品中镉的平均含量为（根据标准判断是否符合要求）			

任务评价

任务考核评价单

项目		班级			
工作任务		姓名		学号	
序号	任务及技术要求	评分标准	学生自评 10%	小组评价 10%	教师评价 60%	企业评价 20%
1	试样制备 10 分	正确进行样品制备，避免交叉污染				
2	试样消解 20 分	能正确选择消解方法，正确操作仪器，并进行空白试验				
3	仪器参考条件设置 10 分	能根据实际情况设定仪器设备操作条件				
4	标准曲线制作 20 分	标样稀释正确；能正确制备镉标准系列溶液，并制作标准曲线				
5	上机检测 20 分	正确操作仪器；正确测量				
6	结果分析 20 分	原始数据记录准确、完整，书写工整美观；公式正确、正确保留有效数字；测定结果精密度符合标准要求				
得分：						
教师签字：				年　月		

任务四 汞的测定

相关知识

汞呈银白色，是室温下唯一的液体金属，俗称水银。汞可以溶解一些金属，如金、银、锡、铜、铅等，形成合金，称为汞齐。汞在室温下有挥发性，汞蒸气被人体吸收后会引起中毒，空气中汞蒸气的最大允许浓度为 0.1mg/m^3。汞不溶于冷的稀硫酸和盐酸，可溶于氢碘酸、硝酸和热硫酸。各种碱性溶液一般不与汞发生作用。汞的化学性质稳定，不易与氧作用，但易与硫作用生成硫化汞，与氯作用生成氯化汞（升汞）及氯化亚汞（甘汞）。与烷基化合物可以形成甲基汞、乙基汞、丙基汞等烷基汞，这些化合物具有很大毒性。

一、农产品中汞的来源

农产品中的汞以元素汞、二价汞的化合物和烷基汞 3 种形式存在。汞在岩石圈中广泛存在。1970 年，美国地质调查局公布，岩石圈中汞的含量为 50~100μg/kg。在地壳中，汞主要以各种硫化物的形式存在。在土壤和水缺氧的情况下，硫酸盐细菌可将汞转化成硫化物，由于微生物的作用，生成的汞很快会被生物有机体吸收进入食物链。

农产品中的汞含量通常很少，但随着环境污染的加重，农产品中汞的污染也越来越严重。含汞农药的使用和污水灌溉，以及从工业生产废料中释放出来的汞等，经过生物富集，影响人体健康。

二、农产品中汞污染对人体的危害

对大多数人来说，因食物引起汞中毒的危险是非常小的。一般情况下，人体吸收的大部分汞属于毒性较大的甲基汞。

有机汞化合物的毒性比无机汞化合物大。由汞引起的急性毒性，小鼠经口的半数致死剂量（LD_{50}）：每千克体重氯化汞为 10~69.7mg，氯化甲基汞为 38mg，氯化乙基汞为 59mg。摄入 0.1g 氯化汞即可引起严重中毒，0.5~1g 可引起死亡。

1. 急性汞中毒

（1）全身症状 口内有金属味、头痛、头晕、恶心、呕吐、腹痛、腹泻、乏力、全身酸痛、寒战、发热（38~39℃），严重者情绪激动、烦躁不安、失眠、抽搐、昏迷或精神失常。

（2）呼吸道表现 咳嗽、咳痰、胸痛、呼吸困难。

（3）消化道表现 齿龈肿痛、糜烂、出血、口腔黏膜溃烂、牙齿松动、流涎。口服中毒可出现腹痛、腹泻、排黏液或血性便。严重者可因胃肠穿孔导致泛发性腹膜炎，可因失水等原因出现休克。

（4）肾脏中毒表现　吸入高浓度汞蒸气 2~3d 出现水肿、无尿、氮质血症、高钾血症、酸中毒、尿毒症等直至急性肾衰竭并危及生命。

（5）皮肤表现　多于中毒后 2~3d 出现红色斑丘疹。早期于四肢及头面部出现，进而发展到全身，可融合成片状或溃疡、感染伴全身淋巴结肿大。严重者可出现剥脱性皮炎。

2. 亚急性汞中毒

常见于口服及涂抹含汞偏方及吸入汞蒸气浓度不高（0.5~1mg/m^3）的病例，常于接触汞 1~4 周后发病。临床表现与急性汞中毒相似，程度较轻。但可见脱发、失眠、多梦、震颤（眼睑、舌、指）等表现。一般脱离接触及治疗数周后可治愈。

3. 慢性汞中毒

（1）精神症状　有头晕、头痛、失眠、多梦、健忘、乏力、食欲不振等精神衰弱表现。

（2）口腔炎　早期齿龈肿胀、酸痛、易出血、口腔黏膜溃疡、唾液腺肿大、唾液增多、口臭，继而齿龈萎缩、牙齿松动、脱落。

（3）震颤　起初穿针、书写、持筷时手颤，方位不准确、有意向性，逐渐向四肢发展。

（4）肾脏表现　一般不明显，少数可出现腰痛、蛋白尿，尿镜检可见红细胞。

实训任务　食品中总汞的测定（原子荧光光谱法）

通过查阅 GB 5009.17—2021《食品安全国家标准　食品中总汞及有机汞的测定》，小组讨论后制定检验方案，正确测定食品中总汞的含量，以确定样品中总汞含量是否符合要求。

试样经酸加热消解后，在酸性介质中，试样中汞被硼氢化钾或硼氢化钠还原成原子态汞，由载气（氩气）带入原子化器中，在汞空心阴极灯照射下，基态汞原子被激发至高能态，在由高能态回到基态时，发射出特征波长的荧光，其荧光强度与汞含量成正比，外标法定量。

一、任务目标

掌握利用原子荧光光谱法测定食品中总汞含量的方法，并进行结果计算。

二、任务实施

1. 材料用具

1）原子荧光光谱仪（配汞空心阴极灯）、天平（感量为 0.01mg、0.1mg 和 1mg）、微波消解系统、压力消解器、恒温干燥箱（50~300℃）、控温电热板（50~200℃）、超声水浴箱、匀浆机、高速粉碎机。

2）硝酸、过氧化氢、硫酸、氢氧化钾、硼氢化钾（分析纯）、重铬酸钾、氯化汞、汞标准储备液、汞标准中间液、汞标准使用液、汞标准系列溶液。

2. 方法步骤

（1）试样预处理

1）粮食、豆类等样品去杂物后粉碎均匀，装入洁净聚乙烯瓶中，密封保存备用。

2）蔬菜、水果、鱼类、肉类及蛋类等新鲜样品，洗净晾干，取可食部分匀浆，装入洁净聚乙烯瓶中，密封，于2~8℃冰箱冷藏备用。

3）乳及乳制品匀浆或均质后装入洁净聚乙烯瓶中，密封于2~8℃冰箱冷藏备用。

（2）试样消解

1）压力罐消解法。取固体试样0.2~1g（精确到0.001g，含水分较多的样品可适当增加取样量至2g），或准确称取液体试样1~5g（精确到0.001g），对于植物油等难消解的样品称取0.2~0.5g（精确到0.001g），置于消解内罐中，加入5mL硝酸，放置1h或过夜，盖好内盖，旋紧不锈钢外套，放入恒温干燥箱，140~160℃下保持4~5h，在箱内自然冷却至室温，缓慢旋松不锈钢外套，将消解内罐取出，用少量水冲洗内盖，将消解罐放在控温电热板上或超声水浴箱中，80℃下加热或超声脱气3~6min，赶去棕色气体。取出消解内罐，将消化液转移至25mL容量瓶中，用少量水分3次洗涤内罐，洗涤液合并于容量瓶中并定容至刻度，混匀备用；同时做空白试验。

2）微波消解法。取固体试样0.2~0.5g（精确到0.001g，含水分较多的样品可适当增加取样量至0.8g）或准确称取液体试样1~3g（精确到0.001g），对于植物油等难消解的样品称取0.2~0.5g（精确到0.001g），置于消解罐中，加入5~8mL硝酸，加盖放置1h，对于难消解的样品再加入0.5~1mL过氧化氢，旋紧罐盖，按照微波消解仪的标准操作步骤进行消解（消解参考条件见表6-6）。冷却后取出，缓慢打开罐盖排气，用少量水冲洗内盖，将消解罐放在控温电热板上或超声水浴箱中，80℃下加热或超声脱气3~6min，赶去棕色气体，取出消解内罐，将消化液转移至25mL容量瓶中，用少量水分3次洗涤内罐，洗涤液合并于容量瓶中并定容至刻度，混匀备用；同时做空白试验。

表6-6 试样微波消解参考条件

步骤	温度/℃	升温时间/min	保温时间/min
1	120	5	5
2	160	5	10
3	190	5	25

3）回流消解法。

①粮食。称取1~4g（精确到0.001g）试样，置于消化装置锥形瓶中，加玻璃珠数粒，加45mL硝酸、10mL硫酸，转动锥形瓶防止局部炭化。装上冷凝管后，小火加热，待开

始发泡即停止加热，发泡停止后，加热回流2h。如加热过程中溶液变棕色，再加5mL硝酸，继续回流2h，消解到样品完全溶解，一般呈浅黄色或无色，放冷后从冷凝管上端小心加20mL水，继续加热回流10min，放冷，用适量水冲洗冷凝管，冲洗液并入消化液中，将消化液经玻璃棉过滤于100mL容量瓶内，用少量水洗涤锥形瓶、滤器，洗涤液并入容量瓶内，加水至刻度，混匀。同时做空白试验。

②植物油及动物油脂。称取1~3g（精确到0.001g）试样，置于消化装置锥形瓶中，加玻璃珠数粒，加入7mL硫酸，小心混匀至溶液颜色变为棕色，然后加40mL硝酸。以下按粮食部分"装上冷凝管后，小火加热……同时做空白试验"步骤操作。

③薯类、豆制品。称取1~4g（精确到0.001g），置于消化装置锥形瓶中，加玻璃珠数粒及30mL硝酸、5mL硫酸，转动锥形瓶防止局部炭化。以下按粮食部分"装上冷凝管后，小火加热……同时做空白试验"步骤操作。

④肉、蛋类。称取0.5~2g（精确到0.001g），置于消化装置锥形瓶中，加玻璃珠数粒及30mL硝酸、5mL硫酸，转动锥形瓶防止局部炭化。以下按粮食部分"装上冷凝管后，小火加热……同时做空白试验"步骤操作。

⑤乳及乳制品。称取1~4g（精确到0.001g）乳或乳制品，置于消化装置锥形瓶中，加玻璃珠数粒及30mL硝酸，乳加10mL硫酸，乳制品加5mL硫酸，转动锥形瓶防止局部炭化。以下按粮食部分"装上冷凝管后，小火加热……同时做空白试验"步骤操作。

（3）仪器参考条件　光电倍增管负高压为240V；汞空心阴极灯电流为30mA；原子化器温度为200℃；载气流速为500mL/min；屏蔽气流速为1000mL/min。

（4）标准曲线制作　分别吸取50μg/mL汞标准使用液0mL、0.20mL、0.50mL、1.00mL、1.50mL、2.00mL、2.50mL于50mL容量瓶中，用硝酸溶液（1+9）稀释至刻度，混匀。各自相当于汞浓度为0μg/mL、0.20μg/mL、0.50μg/mL、1.00μg/mL、1.50μg/mL、2.00μg/mL、2.50μg/mL。

设定好仪器最佳条件，连续用硝酸溶液（1+9）进样，待读数稳定之后，转入标准系列测量，绘制标准曲线。

（5）试样溶液的测定　转入试样测量，先用硝酸溶液（1+9）进样，使读数基本回零，再分别测定试样空白和试样消化液。

（6）结果计算　试样中汞含量按下式计算：

$$X = \frac{(c-c_0) \times V \times 1000}{m \times 1000 \times 1000}$$

式中　　X——试样中汞的含量，单位为mg/kg；

c——试样溶液中汞的含量，单位为μg/mL；

c_0——空白溶液中汞的含量，单位为μg/mL；

V——试样消化液定容总体积，单位为mL；

1000——换算系数；

m——试样质量,单位为 g。

计算结果保留 2 位有效数字。

(7)数据记录 食品中汞的测定数据记录见表 6-7。

表 6-7 食品中汞的测定数据记录

基本信息	样品名称				样品编号	
	检测地点				检测项目	
	检测依据				检测方法	
计算公式						
检测数据	样品编号		1	2	3	
	试样质量 m/g					
	试样溶液中汞的含量 c/(μg/mL)					
	空白溶液中汞的含量 c_0/(μg/mL)					
	试样中的汞的含量 X/(mg/kg)					
	精密度(%)					
	试样中汞含量平均值 $\bar{X}$/(mg/kg)					
结果讨论	样品中汞的平均含量为(根据标准判断是否符合要求)					

任务评价

任务考核评价单

项目		班级			
工作任务		姓名		学号	

序号	任务及技术要求	评分标准	学生自评 10%	小组评价 10%	教师评价 60%	企业评价 20%
1	试样预处理 10 分	正确进行样品预处理,避免交叉污染				
2	试样消解 20 分	能正确选择消解方法,正确操作仪器,并进行空白试验				
3	仪器参考条件设置 10 分	能根据实际情况设定仪器设备操作条件				
4	标准曲线制作 20 分	标样稀释正确;能正确制备汞标准系列溶液,并制作标准曲线				

（续）

序号	任务及技术要求	评分标准	学生自评 10%	小组评价 10%	教师评价 60%	企业评价 20%
5	上机检测 20分	正确操作仪器；正确测量				
6	结果分析 20分	原始数据记录准确、完整，书写工整美观；公式正确、正确保留有效数字；测定结果精密度符合标准要求				
得分：						
教师签字：					年 月	

课后习题

一、填空题

火焰原子化器由_____、_____、_____组成。

二、选择题

1. 下列元素不属于有毒元素的是（   ）。
   A. 砷   B. 硅   C. 汞   D. 镉
2. 下列测定方法中不能用于食品中铅的测定的是（   ）。
   A. 石墨炉原子吸收光谱法   B. 火焰原子吸收光谱法
   C. EDTA 滴定法   D. 电感耦合等离子体质谱法
3. 火焰原子吸收光谱法测定铅的分析线为（   ）。
   A. 324.8nm   B. 248.3nm   C. 285.0nm   D. 283.3nm
4. 火焰原子吸收光谱法分析中，乙炔是（   ）。
   A. 燃气–助燃气   B. 载气   C. 燃气   D. 助燃气

三、简答题

1. 简述农产品食品中砷污染对人体的危害。
2. 简述样品湿法消化的过程。
3. 简述镉对农产品的污染。
4. 简述样品压力消解罐消解的过程。
5. 简述农产品中汞污染对人体的危害。
6. 简述原子荧光光谱法测定农产品中总汞含量的原理。
7. 简述样品微波消解法的过程。

项目七
农产品中农药残留量的测定

项目导学 ● 农药是指用于预防、消灭或者控制危害农业、林业的病、虫、草和其他有害生物，以及有目的地调节植物、昆虫生长的化学合成物或者来源于生物、其他天然物质的一种物质或者几种物质的混合物及其制剂。

项目目标
● 知识学习目标：掌握有机磷农药、有机氯农药的基本化学性质、分类及其在农产品中的使用情况。
● 技能培养目标：熟练掌握有机磷和有机氯农药残留提取和净化的实验操作技能。
● 职业情感目标：培养食品安全意识、职业责任感、团队协作与沟通能力、持续学习与创新能力。

任务一 有机磷农药残留量的测定

相关知识

农药按用途可分为杀虫剂、杀菌剂、除草剂、杀螨剂、植物生长调节剂等；按其毒性可分为高毒、中毒、低毒三类；按农药在植物体内残留时间的长短可分为高残留、中残留和低残留三类。

农药对食品的污染有直接污染和间接污染两种途径。直接污染是在农田施用农药时，直接污染农作物；间接污染有多种形式，如因水质污染而污染水产品、土壤沉积农药的污染、大气漂浮农药的污染、饲料残留农药的污染等。

有机磷农药是指在组成上含有磷元素的有机杀虫剂、杀菌剂、除草剂。有机磷农药种类很多，按照其结构可分为磷酸酯和硫化磷酸酯两大类，常见的有机磷农药有：敌敌畏、敌百虫、乐果、马拉硫磷、倍硫磷、杀螟硫磷、异稻瘟净、乙酰甲胺磷等。

实训任务 黄瓜中有机磷农药残留量的测定（气相色谱法）

有机磷农药是目前我国使用最普遍的农药，残留在蔬菜上的农药进入人体，可引起各系统和功能的损害。因此我国对蔬菜中农药残留量控制的要求越来越严格，其中敌敌畏等是必检项目。我国 GB 2763—2021《食品安全国家标准 食品中农药最大残留限量》对蔬菜中有机磷农药的最大残留限量做出了具体规定。

一、任务目标

掌握利用气相色谱法（GC）测定黄瓜中有机磷农药的残留量，并进行结果计算。

二、任务实施

1. 材料用具

1）气相色谱仪[带有双火焰光度检测器（FPD 磷滤光片），双自动进样]、食品加工器、涡旋振荡器（涡旋混合器）、匀浆机、氮气吹干仪、滤膜（孔径为 0.2μm，有机溶剂滤膜）、铝箔。

2）试剂。

①乙腈、丙酮（重蒸）、氯化钠（140℃烘烤 4h）、农药标准品（50g/L）、单一农药标准溶液（1000mg/L，保存于 –18℃以下）。

②农药混合标准溶液。根据各农药在仪器上的响应值，逐一准确吸取一定体积的同组别的单个农药储备液分别注入同一容量瓶中，用丙酮稀释至刻度。使用前用丙酮稀释成所需质量分数的标准工作液。

2. 方法步骤

（1）试样制备 抽取黄瓜样品，去皮，取可食部分，切碎后放入食品加工器中打浆，制成待测样。

（2）提取 准确称取 25g 试样于 100mL 离心管中，加入 50mL 乙腈，于涡旋振荡器上混匀后用滤纸过滤，滤液收集到装有 5~7g 氯化钠的 100mL 具塞量筒中，收集滤液 40~50mL，盖上塞子，剧烈震荡 1min，在室温下静置 30min，使乙腈相和水相分层。

（3）净化 从具塞量筒中吸取 10mL 乙腈相溶液于 10mL 刻度试管中，将其置于氮气吹干仪中，温度设为 75℃，缓缓通入氮气，蒸发至近干，用移液管加入 2mL 丙酮，在涡旋振荡器上混匀，用 0.2μm 滤膜过滤后，分别移入自动进样器样品瓶中，供色谱测定。

（4）色谱条件设置

①色谱柱。

A 柱：50% 聚苯基甲基硅氧烷（DB-17 或 HP-50+）柱，30m×0.53mm（内径）×1.0μm，或相当者。

B柱：100%聚甲基硅氧烷（DB-1或HP-1）柱，30m×0.53mm（内径）×1.50μm，或相当者。

②温度。

a. 进样口温度：220℃。

b. 检测器温度：250℃。

c. 柱温：150℃（保持2min），以每分钟提高8℃的速度加热至250℃（保持12min）。

③气体及流量。

a. 载气：氮气，纯度大于或等于99.999%，流速为10mL/min。

b. 燃气：氢气，纯度大于或等于99.999%，流速为75mL/min。

c. 助燃气：空气，流速为100mL/min。

④进样方式：不分流进样。试样溶液一式两份，由双自动进样器同时进样。

（5）测定　由自动进样器分别吸取1.0μL标准混合溶液和净化后的试样溶液注入色谱仪中，以双柱保留时间定性，以A柱获得的试样溶液峰面积与标准溶液峰面积比较定量。

（6）结果计算　试样中被测农药残留量为ω，单位以mg/kg表示，按下式计算：

$$\omega = \frac{V_1 \times A \times V_3}{V_2 \times A_s \times m} \times \rho$$

式中　ω——试样中被测农药残留量，单位为mg/kg；

ρ——标准溶液中农药的浓度，单位为mg/L；

A——试样溶液中被测组分的峰面积；

A_s——农药标准溶液中被测组分的峰面积；

V_1——提取溶剂总体积，单位为mL；

V_2——吸取出用于检测的提取溶液的体积，单位为mL；

V_3——试样溶液定容体积，单位为mL；

m——试样的质量，单位为g。

计算结果小于或等于1mg/kg时保留2位有效数字，当结果大于1mg/kg时保留3位有效数字。

（7）数据记录　黄瓜中有机磷农药测定的数据记录见表7-1。

表7-1　黄瓜中有机磷农药测定的数据记录

基本信息	样品名称		样品编号	
	检测项目		检测日期	
	检测依据		检测方法	
计算公式				

（续）

检测数据	样品编号	1	2
	标准溶液中农药的浓度 ρ/(mg/L)		
	农药标准溶液中被测组分的峰面积 A_s		
	试样的质量 m/g		
	提取溶剂总体积 V_1/mL		
	吸取出用于检测的提取溶液的体积 V_2/mL		
	试样溶液定容体积 V_3/mL		
	试样溶液中被测组分的峰面积 A		
	试样中有机磷农药含量平均值 ω/(mg/kg)		
结果讨论	（根据标准判断是否符合要求）		

3. 注意事项

1）国际上多用乙腈作为有机磷农药的提取试剂及分配净化试剂，但要注意乙腈毒性大，污染环境。

2）分析测定有机磷农药时，由于农药的性质不同，所以应注意载体与固定液的选择，一般原则：若被分离的农药是极性化合物，则选择极性固定液；若被分离的农药是非极性化合物，则选择非极性固定液。若选择前者，各农药的出峰顺序一般为极性小的农药先出峰，极性大的农药后出峰；若选择后者，则按沸点高低出峰，低沸点的化合物先出峰。

3）有些热稳定性差的有机磷农药（如敌敌畏），在用气相色谱仪测定时比较困难，主要原因是易被担体吸附，同时因对热不稳定而引起分解。所以可采用缩短色谱柱至1~1.3m，或减小固定液涂渍的厚度和降低操作温度等措施来克服上述困难。

任务评价

任务考核评价单

项目			班级			
工作任务			姓名		学号	
序号	任务及技术要求	评分标准	学生自评 10%	小组评价 10%	教师评价 60%	企业评价 20%
1	制定工作方案 20分	正确选用标准；方案制定合理				
2	试样处理 20分	试样制备正确、无交叉污染；正确使用涡旋振荡器；正确进行脱色操作；研洗、定容操作正确；提取液净化				

(续)

序号	任务及技术要求	评分标准	学生自评 10%	小组评价 10%	教师评价 60%	企业评价 20%
3	净化 20 分	能正确使用氮气吹干仪；能正确使用滤膜过滤				
4	测定 20 分	按要求设定气相色谱条件；正确加注试样液；能正确分析保留时间和峰面积				
5	结果分析 20 分	原始数据记录准确、完整，书写工整美观；数据记录、处理及有效数据、公式正确，计算过程正确；正确保留有效数字；精密度符合要求				

得分：

教师签字：　　　　　　　　　　　　　　　　　　　　年　　月

任务二　有机氯农药残留量的测定

相关知识

有机氯农药是具有杀虫活性的氯代烃的总称。有机氯农药分为3种主要的类型，即"六六六"（HCH）、"滴滴涕"（DDT）及其类似物和环戊二烯衍生物。这3类不同的氯代烃均为神经毒性物质，脂溶性强，不溶或微溶于水，多贮藏于机体脂肪组织或脂肪多的部位，碱性环境中易分解，正常环境下不易分解，易通过食物链在生物体脂肪中富集和积累，属高残留品种。

"六六六"和"滴滴涕"具有杀虫范围广、高效、急性毒性小、易于大量生产及价廉等特点，但由于性质稳定，残留时间长，累积浓度高，很容易污染环境、农作物和畜产品，易引起人畜的慢性中毒。因此我国在1984年就已经禁止使用"六六六"和"滴滴涕"农药，但是由于我国曾长期使用这类农药，不仅农、林、畜产品受到严重的残留污染，而且土壤、水中都有较高的残留，很容易通过土壤和水迁移到植物当中，进入食物链进行富集，从而影响人类健康，所以"六六六"和"滴滴涕"仍是我国食品中农药残留的主要检测品种。GB/T 5009.19—2008《食品中有机氯农药多组分残留量的测定》中有机氯农药残留量的测定方法有毛细管柱气相色谱－电子捕获检测器法和填充柱气相色谱－电子捕获检测器法。

实训任务　食品中有机氯农药残留量的测定（填充柱气相色谱－电子捕获检测器法）

一、任务目标

掌握利用气相色谱仪测定食品中有机氯农药的残留量，并进行结果计算。

二、任务实施

1. 材料用具

1）气相色谱仪（具有电子捕获检测器）、旋转蒸发器、氮气浓缩器、匀浆机、调速多用振荡器、离心机、植物样本粉碎机。

2）试剂。

①丙酮（分析纯，重蒸）、正己烷（分析纯，重蒸）、石油醚（沸程30~60℃，分析纯，重蒸）、苯（分析纯）、硫酸（分析纯）、无水硫酸钠（分析纯）、氯化钠（NaCl）。

②农药标准品。"六六六"（α-HCH、β-HCH、γ-HCH 和 δ-HCH，纯度大于99%），"滴滴涕"（p,p′-DDE、o,p′-DDT、p,p′-DDD、p,p′-DDT，纯度大于99%）。

③农药标准储备溶液。精密称取 α-HCH、β-HCH、γ-HCH、δ-HCH、p,p′-DDE、o,p′-DDT、p,p′-DDD 和 p,p′-DDT 各 10mg，溶于苯中，分别移入 100mL 容量瓶中，以苯稀释至刻度，混匀，浓度为 100mg/L，低温保存。

④农药混合标准工作溶液。分别量取上述各标准储备溶液于同一容量瓶中，以正己烷稀释至刻度，α-HCH、γ-HCH、δ-HCH 的浓度为 0.005mg/L，β-HCH 和 p,p′-DDE 的浓度为 0.01mg/L，o,p′-DDT 的浓度为 0.05mg/L，p,p′-DDD 的浓度为 0.02mg/L，p,p′-DDT 的浓度为 0.1mg/L。

2. 方法步骤

（1）试样制备　谷类制成粉末，其制品制成匀浆；蔬菜、水果及其制品制成匀浆；蛋品去壳制成匀浆；肉品去皮、筋后，切成小块，制成肉糜；鲜乳混匀备用；食用油混匀备用。

（2）提取

1）称取具有代表性的各类食品试样匀浆 20g，加水 5mL（视试样水分含量加水，使总水量约为 20mL），加丙酮 40mL，振荡 30min，加氯化钠 6g，摇匀。加石油醚 30mL，再振荡 30min，静置分层。取上清液 35mL 经无水硫酸钠脱水，于旋转蒸发器上浓缩至近干，以石油醚定容至 5mL，加浓硫酸 0.5mL 净化，振摇 0.5min，于 3000r/min 离心 15min，取上清液进行气相色谱分析。

2）称取具有代表性的 2g 粉末试样，加石油醚 20mL，振荡 30min，过滤，浓缩，定容至 5mL，加 0.5mL 浓硫酸净化，振摇 0.5min，于 3000r/min 离心 15min，取上清液进行气相色谱分析。

3）称取具有代表性的食用油试样 0.5g，以石油醚溶解于 10mL 刻度试管中，定容至刻度。加 1mL 浓硫酸净化，振摇 0.5min，于 3000r/min 离心 15min，取上清液进行气相色谱分析。

（3）测定　填充柱气相色谱的条件：

1）色谱柱为内径 3mm、长 2m 的玻璃柱，内装涂以 1.5%OV-17 和 2%QF-1 混合固定液的 80~100 目（粒径为 0.15~0.18mm）硅藻土。

2）载气为高纯氮，流速为 110mL/min。

3）柱温为 185℃；检测器温度为 225℃；进样口温度为 195℃。

4）进样量为 1~10μL，外标法定量。

（4）色谱图　8 种农药的色谱见图 7-1。

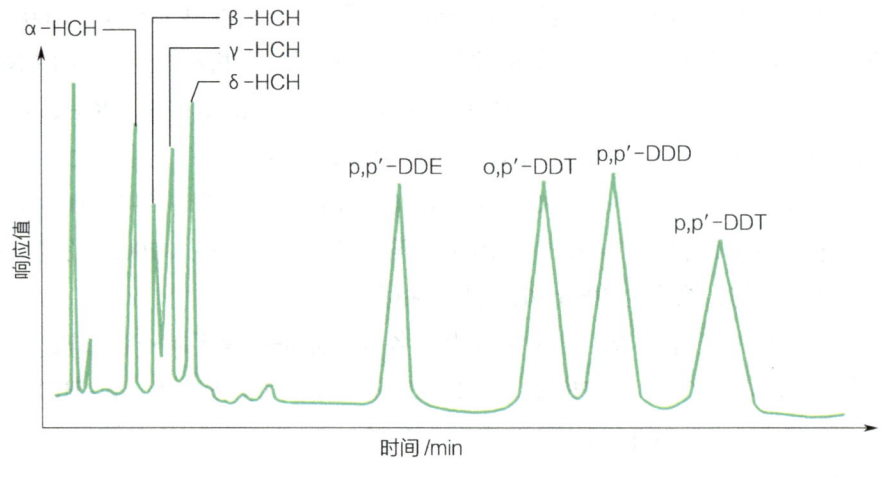

图 7-1　8 种农药的色谱

（5）分析结果的表述　试样中"六六六""滴滴涕"及其异构体或代谢物的单一含量按下式进行计算：

$$X = \frac{A_1}{A_2} \times \frac{m_1}{m_2} \times \frac{V_1}{V_2} \times \frac{1000}{1000}$$

式中　X——试样中"六六六""滴滴涕"及其异构体或代谢物的单一含量，单位为 mg/kg；

　　　A_1——被测定试样各组分的峰值（峰高或面积）；

　　　A_2——各农药组分标准的峰值（峰高或面积）；

　　　m_1——单一农药标准溶液的含量，单位为 ng；

　　　m_2——被测定试样的取样量，单位为 g；

　　　V_1——被测定试样的稀释体积，单位为 mL；

V_2——被测定试样的进样体积,单位为μL；

1000——换算系数。

(6)精密度　在重复性条件下获得的2次独立测定结果的绝对差值不得超过算术平均值的15%。

(7)注释说明

1)适用范围。本方法适用于各类食品中"六六六""滴滴涕"残留量的测定。

2)本方法的检出限。取样量2g，最终体积为5mL，进样体积为10μL时，α-HCH、β-HCH、γ-HCH、δ-HCH的检出限依次为0.038μg/kg、0.16μg/kg、0.047μg/kg、0.070μg/kg；p,p′-DDE、o,p′-DDT、p,p′-DDD、p,p′-DDT的检出限依次为0.23μg/kg、0.50μg/kg、1.8μg/kg、2.1μg/kg。

(8)数据记录　食品中有机氯农药测定数据记录见表7-2。

表7-2　食品中有机氯农药测定数据记录

基本信息	样品名称		样品编号	
	检测项目		检测日期	
	检测依据		检测方法	
计算公式				
检测数据	样品编号	1		2
	被测定试样各组分的峰值（峰高或面积）A_1			
	各农药组分标准的峰值（峰高或面积）A_2			
	单一农药标准溶液的含量 m_1/ng			
	被测定试样的取样量 m_2/g			
	被测定试样的稀释体积 V_1/mL			
	被测定试样的进样体积 V_2/μL			
	单位换算系数			
	试样中"六六六""滴滴涕"及其异构体或代谢物的单一含量 X/(mg/kg)			
结果讨论	（根据标准判断是否符合要求）			

任务评价

任务考核评价单

项目			班级		
工作任务			姓名		学号
序号	任务及技术要求	评分标准	学生自评 10%	小组评价 10%	教师评价 60%	企业评价 20%
1	制定工作方案 20分	正确选用标准；方案制定合理				
2	试样制备 30分	试样制备正确、无交叉污染；正确使用旋转蒸发器等仪器				
3	测定 30分	按要求设定气相色谱条件；正确加注试样液；能正确分析保留时间和峰面积				
4	结果分析 20分	原始数据记录准确、完整，书写工整美观；数据记录、处理及有效数据、公式正确，计算过程正确；正确保留有效数字；精密度符合要求				
得分：						
教师签字：					年	月

课后习题

一、填空题

1．根据毒性大小，可将有机磷农药划分为_____、_____、_____三类。
2．分析测定有机磷农药时，固定液选择的一般原则是：被分离的农药是极性化合物，则选择_____固定液；反之，则选择_____固定液。

二、简答题

1．简述气相色谱法测定有机磷农药的样品的提取和净化过程。
2．简述填充柱气相色谱–电子捕获检测器法的试验原理。
3．简述填充柱气相色谱–电子捕获检测法中样品提取的操作要点。

三、技能训练

1．现有一批新鲜水果，怀疑其中有机磷农药残留超标，请设计试验方案对该批新鲜水果进行检测，写出具体的检测步骤。
2．现有一批新鲜蔬菜，怀疑其中有机氯农药残留超标，请设计试验方案对该批新鲜蔬菜进行检测，写出具体的检测步骤。

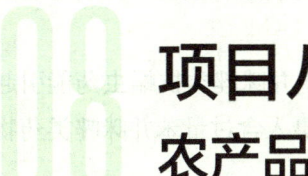

项目八
农产品中兽药残留量的测定

项目导学
- 我国是世界上最大的肉类生产国,随着现代食品工业的发展,集约化、规模化已经成为养殖主流。在养殖生产的各个环节,需要使用各种兽药调节动物生理机能、促进动物生长和繁殖、改善动物性农产品的品质,满足人们的需求。但是,如果滥用或超标超量使用兽药制剂,则会造成动物性农产品中兽药残留,对人体产生危害。

项目目标
- 知识学习目标:掌握兽药残留的基本概念,了解兽药残留量测定的基本原理和方法,包括样品采集、处理、提取、净化及检测等关键步骤。
- 技能培养目标:熟练使用兽药残留检测所需的仪器和设备,如高效液相色谱仪、气相色谱仪等,能够准确操作并维护这些设备。
- 职业情感目标:培养食品安全意识和责任意识,树立严谨、认真的工作态度。

 相关知识

一、兽药的概念和残留分析

兽药(含兽药的动物饲料添加剂)是指用于预防、治疗和诊断动物疾病或者调节动物生理机能并规定作用、用途、用法、用量的物质,兽药残留是指食用动物用药后,动物性农产品中含有的某种兽药的原形或其代谢物及与兽药有关的杂质的残留,其中主要残留的兽药有抗生素类、激素类、驱虫药类、镇静剂类、硝基呋喃类。

二、农产品中兽药残留的危害

动物性农产品中兽药残留引起的危害主要有以下几个方面:

1. 毒性作用

(1)急性中毒 当一次摄入大量含有残留兽药的农产品时,会出现急性中毒反应。例如,摄入含克伦特罗残留的猪肉或其肝脏、肺等内脏后,会产生心悸、恶心、头晕、肌肉震颤等急性中毒反应。

(2)慢性中毒 长期食用含有残留兽药的动物性农产品,兽药可在人体内不断蓄积,至一定程度后，就会对人体产生毒性作用。例如，磺胺类药物可引起肾损伤，特别是乙酰化磺胺在尿中溶解度低，对肾脏损害大。

（3）"三致"作用　即致癌、致畸、致突变作用。例如，苯并咪唑类抗蠕虫药能引起细胞染色体突变和致畸胎作用，妊娠妇女在特定的妊娠阶段，摄入含过量苯并咪唑类药物残留的动物性农产品，可能发生胎儿畸形。

2. 耐药性

动物反复接触某种抗菌药物后，体内耐药菌株大量繁殖。在某些情况下，动物体内耐药菌株可通过动物性农产品传递给人，可能会给治疗带来困难。研究发现，长期食用低剂量的抗生素能导致金黄色葡萄球菌和大肠杆菌耐药菌株的产生。某些残留兽药可能对人的胃肠道菌群造成影响，杀灭有益菌，导致致病菌大量繁殖，使机体易感染疾病。

3. 过敏反应

某些抗菌药物如青霉素、磺胺类药物、四环素及某些氨基糖苷类抗生素能使部分人群发生过敏反应。摄入含这些抗菌药物残留的动物性农产品，会使这部分人致敏，产生抗体。当这些被致敏的个体再次接触到这些抗菌药物或用这些药物进行治疗时，这些抗生素就会与抗体结合形成抗原抗体复合物，可能再次发生过敏反应。

4. 激素（样）作用

具有性激素样活性的同化剂的法定埋植部位是屠宰时废弃的动物组织（如耳根部），而深部肌内注射同化剂属非法用药。若埋植同化性激素或注射后不久就将动物宰杀，则在肝脏、肾脏和注射或埋植部位有大量同化激素残留，一旦被人食用后可产生一系列激素样作用，如潜在致癌性、发育毒性（儿童性早熟）等现象。

5. 污染环境，影响生态

许多研究表明绝大多数兽药排入环境后，仍然具有活性，会对土壤微生物、水生生物及昆虫等造成影响。例如，广谱抗寄生虫药伊维菌素主要通过粪便和乳汁排泄，其排泄物对低等水生动物和土壤中的线虫等仍有较高的毒性作用。

三、农产品中兽药残留的检验方法

1998年，农业部发布了39种兽药及其他化学物质在动物性农产品中残留的检验方法；后来不断修订，到目前为止，我国已建立了大部分已有动物性农产品中兽药残留标准检验方法，其中包括了国家标准和农业农村部标准。目前，动物性农产品中兽药残留检验的分析方法主要有气相色谱法、高效液相色谱法、酶联免疫吸附法（ELISA）和仪器联用技术法等。

1. 磺胺类兽药残留量的测定

磺胺类药物是指具有对氨基苯磺酰胺结构的一类药物的总称。磺胺类药物残留量的检验方法有高效液相色谱法、气相色谱法、气相色谱－质谱联用法、酶联免疫吸附法、薄层色谱法和分光光度法等,其中高效液相色谱法是最常用方法。本方法是利用试样中加入 C_{18} 填料后研磨均匀,其中磺胺类药物残留用乙腈 – 水在微波辐照辅助下进行提取,用乙腈饱和的正己烷液分配净化,用液相色谱 – 质谱/色谱测定,常使用外标法定量。

2. 硝基呋喃类兽药残留量的测定

硝基呋喃类药物包括呋喃唑酮、呋喃西林、呋喃妥因等。硝基呋喃为黄色粉末或结晶性粉末,无臭,味苦,能溶于二甲基甲酰胺,在水、乙醇或三氯甲烷中微溶,熔点为 253~257℃(分解)。

硝基呋喃类药物残留量的检验方法有高效液相色谱法、液质联用法、酶联免疫吸附法等。GB/T 21311—2007《动物源性食品中硝基呋喃类药物代谢物残留量检测方法 高效液相色谱/串联质谱法》中采用了高效液相色谱/串联质谱法。本方法是通过样品经盐酸水解,邻硝基苯甲醛过夜衍生,调 pH 为 7.4 后,用乙酸乙酯提取,正己烷净化。分析物采用高效液相色谱/串联质谱定性检测,采用稳定同位素内标法定量测定。

3. 氟喹诺酮类药物残留量的测定

氟喹诺酮类兽药是近年发展起来的一类广谱抗菌药,是喹诺酮类药物经加氟结构改造后的衍生物,具有吸收好、组织浓度高、半衰期长、抗菌谱广等优点,已成为人医和兽医临床上的常用药品。

农业部第 1025 号公告发布了 26 种动物性食品中兽药残留的检测方法。动物性食品中达氟沙星、恩诺沙星、环丙沙星和沙拉沙星药物残留的检测可以参照《动物性食品中氟喹诺酮类药物残留检测 高效液相色谱法》(农业部 1025 号公告 –14-2008)。本方法用磷酸盐缓冲溶液提取试样中的药物,C_{18} 柱净化,流动相洗脱。以磷酸 – 乙腈为流动相,用高效液相色谱 – 荧光检测法测定,外标法定量。

实训任务 蜂王浆中四环素类抗生素残留量的测定

一、任务目标

使学生掌握使用放射受体分析(Charm Ⅱ)法检测蜂王浆中四环素类抗生素残留量的技能,了解试剂盒类方法的应用,并能够正确分析检测结果。

二、任务实施

1. 材料用具

1)Charm Ⅱ 7600 分析仪或相当者、孵育器、离心机、均质机、移液器、涡旋振荡器、电子天平。

2)试剂。

①四环素类检测试剂盒。

②组织阴性对照溶液：使用时取组织阴性对照浓缩干粉，按试剂盒说明书配制成组织阴性对照溶液。

③MSU 多抗标准溶液：使用时取浓缩干粉按试剂盒说明书配制成多抗生素标准溶液。

④组织萃取缓冲溶液：使用时取浓缩干粉按试剂盒说明书配制成组织萃取缓冲溶液。可在 2~6℃下保存 2 个月。

⑤M2 缓冲溶液：使用时取浓缩干粉按试剂盒说明书配制成组织萃取缓冲液。

⑥Optifluor® 闪烁液。

⑦阴性对照液：取 2mL 组织阴性对照溶液，加至 6mL 组织萃取缓冲溶液中制成阴性对照液，在室温下混匀，该对照液可在室温下保持 6h 以上。

⑧阳性对照液：取 0.3mL MSU 多抗标准溶液，加至 15mL 组织阴性对照溶液中，混匀；然后从中取 0.3mL 混合溶液加入 6mL MSU 多抗标准溶液中制成阳性对照液（金霉素浓度为 4ng/mL）；在室温下混合均匀。

⑨50% 甲醇溶液（1+1，体积比）：100mL 甲醇溶解于 100L 水。

⑩氢氧化钠溶液（1mol/L）：40g 氢氧化钠溶解于 1000mL 水。

⑪pH 试纸：范围为 5~10。

⑫空白基样：选取确认不含有四环素类抗生素的蜂王浆，作为空白基样，用于测定当次批次试剂盒的控制点。

3）试样的制备与保存。原始样总量不得少于 500g，采用四分法，将样品分成两等份装入洁净容器，加封并做标识。样品于 −20~−18℃保存。

2. 方法步骤

（1）提取 称取 10g 蜂王浆样品置于 50mL 离心管中，加 20mL 甲醇溶液，在涡旋振荡器进行混合，6000r/min 离心 10min，取上清液置于另一支试管中。用 pH 试纸测试上清液的 pH，如果 pH 小于 7，以氢氧化钠溶液调 pH 至 6.5~7.5；然后在 3300r/min 条件下离心 5min，上清液为待测溶液。

（2）测定 先用试剂盒中所附压杆将白色受体药片推至试管中，然后用移液器取 300μL 水至样品试管中，再用涡旋振荡器混合 10s 将药片打碎。加入 4.5mL 组织萃取缓冲液和 0.5mL 样品待测液；阴性和阳性对照管中则直接加入 5mL 阴性对照液和 5mL 阳性对照液。将橙色四环素标记药片推至上述 3 支管中，用涡旋振荡器混合 10s。将试管置于（35±1）℃的孵育器保温 5min。取出试管，在 3300r/min 条件下离心 5min，立即弃去上清液，用吸水纸将边缘的水渍吸干。加 300μL 水，用涡旋振荡器混合 10s 将沉淀物打碎。分别加 3mL 闪烁液至试管中，加盖，混匀，放置 1min，在 Charm II 7600 分析仪上以 [^{3}H] 频道上进行每分钟计数（cpm）。

（3）数据记录 蜂王浆中四环素类抗生素残留量的测定数据记录见表 8–1。

表 8-1 蜂王浆中四环素类抗生素残留量的测定数据记录

样品名称		样品编号		样品质量 /g	
检测地点		检测项目		检测依据	
室温					
cpm 值		1	2		3
控制点					
结果分析					
检验人：		校核人：			

3. 注意事项

（1）控制点的确定 控制点是界定样品阴性与初筛阳性的一个界限值，对于同一批号的试剂盒，正常情况下只需测定一次控制点。控制点（金霉素 10μg/kg、土霉素 10μg/kg、多西环素 10μg/kg）设置如下：称取 10g 空白基样蜂王浆，加入 100μL MSU 多抗标准溶液；先处理后测试。取 6 个加标样品平行测试的 cpm 读数平均值，乘以系数作为测定的控制点，还可以根据所需的筛选水平重新设置相应的控制点。

（2）结果判定 当样品测定 cpm 值大于控制点，可判定为样品"阴性"，即样品中四环素类抗生素残留小于筛选水平；若测定 cpm 值小于或等于控制点，应判定为阳性，应使用仪器方法进一步分析。

任务评价

任务考核评价单

项目			班级			
工作任务			姓名		学号	
序号	任务及技术要求	评分标准	学生自评 10%	小组评价 10%	教师评价 60%	企业评价 20%
1	样品制备 20 分	样品称量准确，制备过程无污染；样品保存条件符合要求				
2	试剂准备 20 分	各类试剂按要求准确配制；试剂使用无浪费，操作规范				
3	仪器操作 20 分	分析仪操作熟练，无误操作；仪器维护得当，记录完整				

（续）

序号	任务及技术要求	评分标准	学生自评 10%	小组评价 10%	教师评价 60%	企业评价 20%
4	数据记录 20分	数据记录完整、准确、清晰；记录室温及其他相关环境条件				
5	结果分析 20分	正确判定样品的阴性或阳性状态；结果分析报告书写规范，逻辑清晰				
得分：						
教师签字：					年	月

知识拓展

酶联免疫吸附法可检测多种硝基呋喃类药物，常用于硝基呋喃类药物残留快速筛选检验。现以 SN/T 3380—2012《出口动物源食品中硝基呋喃代谢物残留量的测定 酶联免疫吸附法》。

本方法的测定基础是竞争性酶联免疫反应，整个方法包括 4 种硝基呋喃代谢物 [呋喃唑酮代谢物（AOZ）、呋喃它酮代谢物（AMOZ）、呋喃西林代谢物（SEM）和呋喃妥因代谢物（AHD）] 残留量的检测。在酶标板微孔条上预包被偶联抗原，样本中的硝基呋喃代谢物残留经衍生化后和微孔条上预包被的偶联抗原竞争相应的抗硝基呋喃代谢物的衍生物抗体，加入酶标二抗后，用 TMB 底物显色，样本吸光值与其所含硝基呋喃代谢物残留物的含量呈负相关，与标准曲线比较再乘以其对应稀释倍数即可得出样本中硝基呋喃代谢物残留物的残留量。

TMB（3,3′,5,5′-四甲基联苯胺），是酶联免疫吸附测定中常用的显色底物。其作用是在辣根过氧化物酶（HRP，即酶标二抗上的酶）催化下，氧化生成蓝色产物（最大吸收波长约为 650nm），加入终止液（如稀硫酸）后变为黄色（450nm 测定吸光度）。

课后习题

1. 畜禽肉中氟喹诺酮类兽药残留检测用到的样品净化技术是（   ）。
   A. 凝结沉淀技术   B. 液液萃取技术
   C. 固相萃取技术   D. 超临界流体萃取
2. 牛肉中氟喹诺酮类兽药提取时，用到的提取溶剂是（   ）。
   A. 盐酸   B. 氯化钠
   C. 磷酸盐缓冲液   D. 硫酸钠

3. 以下不属于瘦肉精的是（　　）。
   A. 克伦特罗　　　　　　B. 普萘洛尔
   C. 莱克多巴胺　　　　　D. 沙丁胺醇
4. 与气相色谱相比，液相色谱对样品挥发度和热稳定性的限制较小，它非常适合以下哪些化合物的分离检测（　　）。
   A. 分子量较小、难汽化、不易挥发或对热敏感的物质
   B. 分子量较大、难汽化、不易挥发或对热敏感的物质
   C. 分子量较小、易汽化、易挥发或对热敏感的物质
   D. 分子量较大、易汽化、易挥发或对热敏感的物质
5. 兽药残留检测方法的主要评价指标包括（　　）。
   A. 精密度　　　　　　　B. 准确度
   C. 灵敏度　　　　　　　D. 以上三项都是

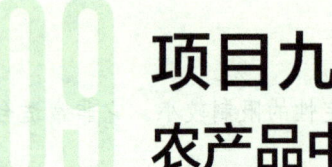

项目九 农产品中有毒有害添加物质的测定

项目导学

- 在农产品中添加不能食用的食品添加剂，如三聚氰胺、克伦特罗、矿物油和甲醛次硫酸氢钠等违法行为使消费者的身体健康受到严重威胁。为打击在农产品生产、流通、餐饮服务中违法添加非食用物质和滥用食品添加剂的行为，保障消费者健康，全国打击违法添加非食用物质和滥用食品添加剂专项整治领导小组自2008年以来陆续发布了六批《食品中可能违法添加的非食用物质和易滥用的食品添加剂名单》，具体名单见国家卫生健康委员会官网相关公告。

项目目标

- 知识学习目标：深入理解并掌握农产品中有毒有害添加物质检测的原理、操作步骤及注意事项，以准确判断农产品中有毒有害添加物质的含量情况。
- 技能培养目标：掌握检测方法，能够准确、高效地识别农产品中有毒有害添加物质的存在，并了解其对人体健康的潜在危害。
- 职业情感目标：养成科学严谨的态度和习惯，培养创新意识和质量意识，培养终身学习能力和环境保护意识，增加学生的职业认同感。

任务一 三聚氰胺的测定

● 相关知识

三聚氰胺，化学式 $C_3H_6N_6$，是一种白色晶体，广泛应用于化工和纺织行业。由于其在检测中可能被误认为蛋白质，曾被非法添加到食品中，引发食品安全危机。三聚氰胺本身低毒性，但在体内可转化为氰尿酸，形成结石，对肾脏功能未成熟的婴儿尤其危险。长期摄入可能导致生殖系统损害和癌症。

扫码看视频

》 实训任务 鲜乳中三聚氰胺的测定（高效液相色谱法）

一、任务目标

掌握高效液相色谱法测定三聚氰胺含量的方法，并进行结果计算。

二、任务实施

1. 材料用具

1）不同品牌的鲜牛乳。

2）高效液相色谱仪（配有紫外检测器或二极管阵列检测器）、分析天平（感量为0.0001g 和 0.001g）、离心机（转速不低于 4000r/min）、超声波水浴、固相萃取装置、氮气吹干仪、涡旋振荡器、研钵、具塞塑料离心管。

3）试剂等。除非另有说明，所有试剂均为分析纯，水为 GB/T 6682—2008《分析实验室用水规格和试验方法》规定的一级水。

①甲醇（色谱纯）、乙腈（色谱纯）、氨水（含量为25%~28%）、三氯乙酸、柠檬酸、辛烷磺酸钠（色谱纯）、三聚氰胺标准品（CAS108-78-01，纯度大于99.0%）、定性滤纸、微孔滤膜（0.2μm，有机相）、氮气（纯度大于或等于99.999%）。

②甲醇溶液。准确量取 50mL 甲醇和 50mL 水，混匀后备用。

③三氯乙酸溶液（1%）。准确称取 10g 三氯乙酸于 1L 容量瓶中，用水溶解并定容至刻度，混匀后备用。

④氨化甲醇溶液（5%）。准确量取 5mL 氨水和 95mL 甲醇，混匀后备用。

⑤离子对试剂缓冲液。准确称取 2.1g 柠檬酸和 2.16g 辛烷磺酸钠，加入约 980mL 水溶解，调节 pH 至 3.0 后，定容至 1L 备用。

⑥三聚氰胺标准储备液。准确称取 100mg（精确到 0.1mg）三聚氰胺标准品于 100mL 容量瓶中，用甲醇溶液溶解并定容至刻度，配制成浓度为 1mg/mL 的标准储备液，于 4℃ 避光保存。

⑦阳离子交换固相萃取柱。混合型阳离子交换固相萃取柱，基质为苯磺酸化的聚苯乙烯-二乙烯基苯高聚物，填料质量为 60mg，体积为 3mL，或相当者。使用前依次用 3mL 甲醇、5mL 水活化。

⑧海砂。化学纯，粒度为 0.65~0.85mm，二氧化硅（SiO_2）含量为 99%。

2. 方法步骤

（1）样品处理

1）提取。称取 2g（精确至 0.01g）鲜牛乳于 50mL 具塞塑料离心管中，加入 15mL 三氯乙酸溶液（1%）和 5mL 乙腈，超声提取 10min，再振荡提取 10min。上清液用三氯乙酸溶液润湿的滤纸过滤后，用三氯乙酸溶液定容至 25mL，移取 5mL 滤液，加入 5mL 水混匀后作为待净化液。

2）净化。将上一步中的待净化液转移至固相萃取柱中，依次用 3mL 水和 3mL 甲醇洗涤至近干后，用 6mL 氨化甲醇溶液（5%）洗脱，整个固相萃取过程流速不超过 1mL/min。洗脱液于 50℃ 用氮气吹干，残留物（相当于 0.4g 样品）用 1mL 流动相定容，涡旋混合 1min，过微孔滤膜后，供高效液相色谱测定。

（2）测定

1）高效液相色谱参考条件。

①色谱柱：C_8 柱，250mm×4.6mm（内径），5μm，或者相当者；C_{18} 柱，250mm×4.6mm（内径），5μm，或者相当者。

②流动相：C_8 柱，离子对试剂缓冲液 – 乙腈（85+15，体积比），混匀；C_{18} 柱，离子对试剂缓冲液 – 乙腈（90+10，体积比），混匀。

③流速为 1.0mL/min。柱温为 40℃。波长为 240nm。进样量为 20μL。

2）标准曲线的制作。用流动相将三聚氰胺标准储备液逐级稀释得到的浓度为 0.8μg/mL、2μg/mL、20μg/mL、40μg/mL、80μg/mL 的标准工作液，浓度由低到高进样检测，以峰面积 – 浓度作图，得到标准曲线回归方程。基质匹配加标三聚氰胺的样品高效液相色谱见图 9–1。

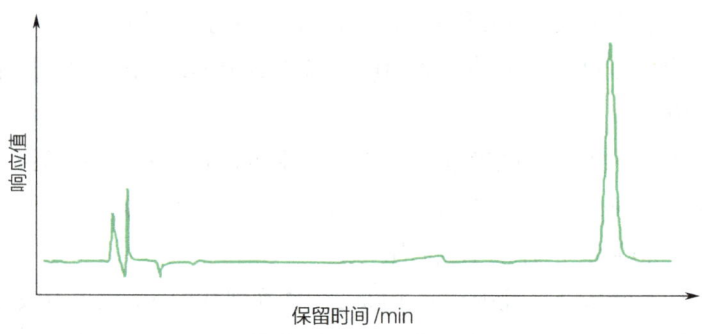

图 9–1　基质匹配加标三聚氰胺的样品高效液相色谱图（检测波长为 240nm，保留时间为 13.6min，C_8 色谱柱）

3）定量。测定待测样中三聚氰胺的响应值应在标准曲线线性范围内，超过线性范围则应稀释后再进行分析。

4）空白试验。除不称取样品外，均按上述步骤进行。

5）方法定量。本方法的定量限为 2mg/kg。

6）回收率。在添加 2~10mg/kg 浓度范围内，回收率为 80%~110%，相对标准偏差小于 10%。

（3）结果计算　试样中三聚氰胺的含量由色谱数据处理软件或按下式计算：

$$X = \frac{A \times c \times V \times 1000}{A_s \times m \times 1000} \times f$$

式中　X——试样中三聚氰胺的含量，单位为 mg/kg；

A——样液中三聚氰胺的峰面积；

c——标准溶液中三聚氰胺的浓度，单位为 μg/mL；

V——样液最终定容体积，单位为 mL；

A_s——标准溶液中三聚氰胺的峰面积；

m——试样的质量，单位为 g；

f——稀释倍数；

1000——换算系数。

精密度：在重复性条件下获得的 2 次独立测定结果的绝对差值不得超过算术平均值的 10%。

（4）数据记录　记录测定数据，计算测定结果，填写数据记录（表9-1）。

表 9-1　三聚氰胺的测定数据记录

样品名称			样品编号		样品质量 /g	
检测地点			检测项目		检测依据	
室温 /℃			波长 λ/nm			
仪器型号名称				检测日期		
计算公式						
计算结果	重复次数	1	2	3	4	……
	试样的质量 m/g					
	样液中三聚氰胺的峰面积 A					
	标准溶液中三聚氰胺的浓度 c/（μg/mL）					
	样液最终定容体积 V/mL					
	标准溶液中三聚氰胺的峰面积 A_s					
	稀释倍数 f					
	试样中三聚氰胺的含量 X/（mg/kg）					
	平均值 $\bar{X}$/（mg/kg）					
检验人：			校核人：			

任务评价

任务考核评价单

项目			班级			
工作任务			姓名		学号	
序号	任务及技术要求	评分标准	学生自评 10%	小组评价 10%	教师评价 60%	企业评价 20%
1	制定工作方案 20 分	正确选用标准；方案制定合理				

（续）

序号	任务及技术要求	评分标准	学生自评 10%	小组评价 10%	教师评价 60%	企业评价 20%
2	试样处理 20分	试样制备正确、无交叉污染；正确使用离心机				
3	净化 20分	能正确使用固相萃取装置；能正确使用氮气吹干仪				
4	测定 20分	按要求设定高效液相色谱条件；正确加注试样液；能正确分析保留时间和峰面积				
5	结果分析 20分	原始数据记录准确、完整，书写工整美观；数据记录、处理及有效数据、公式正确，计算过程正确；正确保留有效数字；精密度符合要求				
得分：						
教师签字：					年	月

知识拓展

除了高效液相色谱法外，常用的原料乳与乳制品中三聚氰胺分析方法还有液相色谱－质谱/质谱（LC-MS/MS）法、气相色谱－质谱联用法、胶体金速测卡法、配位化学法、试剂盒定量检测法等。

1. 液相色谱－质谱/质谱法

本方法原理为试样用三氯乙酸溶液提取，经阳离子交换固相萃取柱净化后，用液相色谱－质谱/质谱法测定，外标法定量。

2. 气相色谱－质谱联用法

试样经超声波提取，固相萃取净化后，进行硅烷化衍生，衍生产物采用选择离子监测质谱扫描模式（SIM）或多反应监测质谱扫描模式（MRM），用化合物的保留时间和质谱碎片的丰度比定性，外标法定量。

3. 胶体金速测卡法

本方法原理为基于竞争法胶体金免疫层析技术，检测液中的三聚氰胺与金标垫上的抗体结合形成复合物，通过色线显示浓度范围。

4. 配位化学法

本方法适用于液态生鲜乳、液态成品乳等三聚氰胺定性检测。样品中的三聚氰胺经特异性富集、净化后，选择性地和配位沉淀剂形成难溶配合物，在水中可以产生明显的混浊现象，从而可以判断某一限量三聚氰胺存在与否。

5. 试剂盒定量检测法（可快速测定三聚氰胺）

本方法是根据酶联免疫吸附法定量测定三聚氰胺残留，利用萃取液通过均质及振荡的方式提取样品中的三聚氰胺进行免疫测定。先将三聚氰胺酶标记物、样品萃取物及标准样加入已经包被有三聚氰胺抗体的微孔中开始反应。在 30min 的孵育过程中，样品萃取物中的三聚氰胺与三聚氰胺酶标记物，竞争结合微孔中的三聚氰胺抗体，孵育 30min 后洗掉小孔中所有没有结合的三聚氰胺及三聚氰胺酶标记物。用去离子水清洗结束后，每个孔中加入清澈的底物溶液，结合的酶标记物将无色的底物转化为蓝色的物质。孵育 30min 后停止此反应，根据各孔颜色深浅进行数据读取。依据标准样的颜色得出样品中三聚氰胺的浓度值。

任务二 荧光物质的检测

相关知识

荧光增白剂俗称"白色染料"，它是一种能吸收紫外线同时激发出蓝色或者蓝紫色荧光的复杂有机化合物。当 254nm 和 365nm 的紫外线照射到无色或浅色的荧光物质上时，该物质会因吸收紫外线的能量而发射出一定强度的可见蓝紫色荧光。

一、荧光增白剂的用途

它的出现最初满足了人们对于造纸、纺织印染、合成洗涤剂、塑料制造业的需求。近年来，荧光增白剂在涂料、电镀、保密防伪、油墨、液晶显示屏、昆虫病毒增效研制等多个高科技领域获得了广泛的应用和发展。

二、荧光增白剂的危害

荧光增白剂为多苯环结构，组成复杂，与人体蛋白质一旦结合，难以通过正常的代谢排出体外，它会削弱人体的免疫力，同时对肝脏、肾脏等器官造成极大危害，是潜在的致癌因素。荧光增白剂在多个领域的应用，使来自土壤、水、包装材料、一次性餐具中的荧光增白物质对粮食作物、食品、农产品产生污染，以及时有发生的不法商贩在食品中人为添加荧光增白剂危害食品安全。

实训任务 食用菌中荧光物质的定性检测

一、任务目标

掌握定性检测食用菌中荧光物质的方法，以识别和区分不同种类的荧光物质。

二、任务实施

1. 材料用具

1）食用菌。

2）台式紫外分析仪（具备254nm和365nm波长的紫外线）、数码照相机。

2. 方法步骤

（1）样品采集　随机抽取食用菌鲜品2kg或干品1kg，并用不含荧光物质的包装材料盛装样品，及时检测。

（2）检测步骤

1）将去除外包装的样品放入清洁的培养皿中，再摆放在铺有深色绒布的紫外分析仪台面上。

2）将数码照相机固定在三脚架上，关闭闪光灯，在正常光照条件下取景、手动对焦，使样品处于最佳成像位置，使用自拍方式拍照，记录正常光照下样品照片。

3）在避光条件下，打开254nm和365nm的紫外灯，观察样品表面是否有可见蓝紫色荧光，并使用上一步的拍摄方法，记录紫外线下样品照片。

4）照片应真实反应样品在紫外线下的真实影像，避免样品标签等含有荧光物质的材料对拍摄效果的影响。不应对原始照片进行任何技术处理和加工。

（3）数据记录　记录测定数据，填写数据记录（表9-2）。

表9-2　食用菌中荧光物质的定性检测数据记录

样品名称		样品编号		样品质量/g	
检测地点		检测项目		检测依据	
紫外灯					
观察	1		2		3
控制点					
结果分析					
检验人：		校核人：			

（4）结果表述　在254nm和365nm紫外线下，样品表面有可见蓝紫色荧光，则判定该样品含有荧光物质，检测结果表述为"阳性"，反之为"阴性"。

任务评价

任务考核评价单

项目			班级			
工作任务			姓名		学号	
序号	任务及技术要求	评分标准	学生自评 10%	小组评价 10%	教师评价 60%	企业评价 20%
1	制定工作方案 20 分	正确选用标准；方案制定合理				
2	试样处理 20 分	试样制备正确、无交叉污染				
3	检测 40 分	能正确使用台式紫外分析仪、能正确记录正常光照、紫外线照下的样品				
4	结果分析 20 分	原始图片记录准确、完整，书写工整美观、真实				
得分：						
教师签字：					年	月

知识拓展

BJS 201903《食品中二苯乙烯类阴离子型荧光增白剂的测定》，规定了食用菌、大米、小麦粉和小麦粉制品、淀粉和淀粉制品中 11 种二苯乙烯类阴离子型荧光增白剂的高效液相色谱测定方法。11 种荧光增白剂包括荧光增白剂 24、荧光增白剂 71、荧光增白剂 85、荧光增白剂 90、荧光增白剂 113、荧光增白剂 210、荧光增白剂 220、荧光增白剂 264、荧光增白剂 353、荧光增白剂 357、荧光增白剂 5bm。本方法适用于食用菌、大米、小麦粉和小麦粉制品、淀粉和淀粉制品中 11 种二苯乙烯类阴离子型荧光增白剂的定量分析。试样经提取、净化后，采用配有荧光检测器的高效液相色谱仪检测，外标法定量。

任务三　克伦特罗的测定

相关知识

一、克伦特罗概述

克伦特罗，俗称瘦肉精，可以增加动物的瘦肉量，抑制动物脂肪生长，

扫码看视频

减少饲料使用，使肉品提早上市，降低成本。克伦特罗能让动物的单位经济价值提升，但它可残留在动物的组织中，尤其是残留于肝脏中，并通过食物链危害人类的健康，因而我国明文规定在畜牧生产中，严禁使用克伦特罗等 β-肾上腺素受体激动剂。

二、克伦特罗的危害特性

克伦特罗使用剂量为人用药剂量的 10 倍以上，才能达到提高畜禽瘦肉率的效果。因为克伦特罗用量大、使用时间长、代谢慢，所以在屠宰前到上市，在动物体内残留量大。动物体内残留的克伦特罗通过食物进入人体，造成人体蓄积中毒。如果一次摄入量过大，就会产生异常生理反应的中毒现象。国内外的相关科学研究表明，食用含有克伦特罗的肉会对身体产生危害，常见恶心、头晕、四肢无力、手颤等中毒症状，特别对心脏病、高血压、甲亢和前列腺肥大等疾病患者危害更大，长期食用则可能导致染色体畸变，诱发恶性肿瘤，严重的可导致死亡。

实训任务　畜禽肉中克伦特罗的测定（高效液相色谱法）

一、任务目标

掌握高效液相色谱法对畜禽肉样品中克伦特罗的测定技术，并进行结果计算。

二、任务实施

1. 材料用具

1）猪鲜肉。

2）超声波清洗器、酸度计、离心机、振荡器、旋转蒸发器、涡旋振荡器、针筒式微孔过滤膜（0.45μm，水相）、氮气吹干仪、匀浆器、高效液相色谱仪（配紫外检测器或二极管阵列检测器）、磨口玻璃离心管。

3）试剂。

①克伦特罗（纯度大于或等于 99.5%）、氯化钠、甲醇（高效液相色谱级）、高氯酸溶液（0.1mol/L）、氢氧化钠溶液（1mol/L）、磷酸二氢钠缓冲液（0.1mol/L，pH 为 6.0）、异丙醇+乙酸乙酯（40+60）、乙醇+浓氨水（98+2）、甲醇+水（45+55）。

②克伦特罗标准溶液：准确称取克伦特罗标准品用甲醇配成浓度为 250mg/L 的标准储备液，置于冰箱中保存；使用时用甲醇稀释成 0.5mg/L 的克伦特罗标准使用液，进一步用甲醇+水（45+55）适当稀释。

③弱阳离子交换柱（LC-WCX，3mL）。

2. 方法步骤

（1）试样提取　称取肉糜 10g（精确到 0.01g）置于磨口玻璃离心管中，加入

20mL 0.1mol/L 高氯酸溶液后匀浆，然后置于超声波清洗器中超声 20min，取出置于 80℃ 水浴中加热 30min。取出冷却后离心（4500r/min）15min。倾出上清液，沉淀用 5mL 0.1mol/L 高氯酸溶液洗涤，再离心，将 2 次上清液合并。用 1mol/L 氢氧化钠溶液调 pH 至 9.5±0.1，若有沉淀产生，再离心（4500r/min）10min，将上清液转移至磨口玻璃离心管中，加入 8g 氯化钠，混匀，加入 25mL 异丙醇+乙酸乙酯（40+60），置于振荡器上振荡提取 20min。提取完毕，放置 5min（若有乳化层稍离心一下）。用吸管小心将上层有机相移至旋转蒸发器中，用 20mL 异丙醇+乙酸乙酯（40+60）再重复萃取 1 次，合并有机相，于 60℃在旋转蒸发器上浓缩至近干。用 1mL 0.1mol/L 磷酸二氢钠缓冲液（pH 为 6.0）定容至刻度。

（2）净化　依次用 10mL 乙醇、3mL 水、3mL 0.1mol/L 磷酸二氢钠缓冲液（pH 为 6.0）、3mL 水冲洗弱阳离子交换柱，取适量上一步骤的提取液至弱阳离子交换柱上，弃去流出液，分别用 4mL 水和 4mL 乙醇冲洗柱子，弃去流出液，用 6mL 乙醇+浓氨水（98+2）冲洗柱子，用 5mL 玻璃离心管收集流出液。将流出液在氮气吹干仪上浓缩至干。

（3）试样测定前的准备　于净化、吹干的试样残渣中加入 500μL 流动相，在涡旋振荡器上充分振摇，使残渣溶解，用 0.45μm 针孔式微孔过滤膜过滤，上清液待高效液相色谱仪测定。

（4）高效液相色谱条件

1）色谱柱为 BDS 或 ODS 柱，250mm×4.6mm（内径），5μm，或者相当者。

2）柱温为室温。流动相为甲醇+水（45+55）。流速为 1.0mL/min。紫外检测器波长为 244nm。进样量为 20μL。

（5）测定　取适量试样制备液和相应浓度的标准工作液，做单点或多点校准，以色谱峰面积积分值定量。当分析物浓度不在线性范围内时，应将分析物稀释或浓缩后再进行检测。

（6）结果计算　按外标法计算试样中克伦特罗的含量：

$$X = \frac{A \times f}{m}$$

式中　X——试样中克伦特罗的含量，单位为 μg/kg（或 μg/L）；
　　　A——试样中色谱峰与标准色谱峰的峰面积比值对应的克伦特罗的质量，单位为 ng；
　　　f——试样稀释倍数；
　　　m——试样的取样量，单位为 g（或 mL）。

计算结果表示到小数点后 2 位。

精密度：在重复性条件下获得的 2 次独立测定结果的绝对差值不得超过算术平均值的 20%。

（7）数据记录　记录测定数据，计算测定结果，填写数据记录（表 9-3）。

表 9-3 克伦特罗的测定数据记录

样品名称		样品编号		样品质量 /g	
检测地点		检测项目		检测依据	
仪器型号名称			检测日期		
计算公式					

计算结果	重复次数	1	2	3	4	……
	试样中色谱峰与标准色谱峰的峰面积比值对应的克伦特罗的质量 A/ng					
	试样稀释倍数 f					
	试样的取样量 m/g（或 mL）					
	试样中克伦特罗的含量 X/（μg/kg 或 μg/L）					
	平均值 $\bar{X}$/（μg/kg 或 μg/L）					

检验人：　　　　　　　　　　校核人：

任务评价

任务考核评价单

项目		班级			
工作任务		姓名		学号	

序号	任务及技术要求	评分标准	学生自评 10%	小组评价 10%	教师评价 60%	企业评价 20%
1	制定工作方案 20 分	正确选用标准；方案制定合理				
2	试样处理 20 分	试样制备正确、无交叉污染；正确使用离心机、振荡器、旋转蒸发器等仪器				
3	净化 10 分	能按照正确顺序进行净化操作				
4	色谱条件设置 10 分	能正确设定高效液相色谱条件				
5	测定 20 分	能按照工作条件操作高效液相测定仪器，并测定样品记录数据				
6	结果分析 20 分	原始数据记录准确、完整，书写工整美观；公式正确、正确保留有效数字；测定结果精密度符合标准要求				
得分：						
教师签字：					年　　月	

知识拓展

除了高效液相色谱法外，常用的畜禽肉中克伦特罗的检测方法还有气相色谱－质谱法、酶联免疫吸附法。

一、气相色谱－质谱法

本方法原理为先将固体试样剪碎，用高氯酸溶液匀浆。液体试样加入高氯酸溶液，进行超声加热提取，用异丙醇＋乙酸乙酯（40+60）萃取，有机相浓缩，经弱阳离子交换柱进行分离，用乙醇＋浓氨水（98+2）溶液洗脱，洗脱液浓缩，经 N,O-双（三甲基硅烷）三氟乙酰胺（BSTFA）衍生后于气质联用仪上进行测定，以美托洛尔为内标，定量而测定其含量的方法。

二、酶联免疫吸附法（ELISA 筛选法）

本方法测定的基础是抗原抗体反应，微孔板包被有针对克伦特罗 IgG 的包被抗体。加入克伦特罗抗体后，经过孵育及洗涤步骤后，加入标准溶液、样品溶液及克伦特罗酶标记物，样品中的克伦特罗与克伦特罗酶标记物竞争克伦特罗抗体，没有连接的克伦特罗酶标记物在洗涤步骤中被除去。将酶基质/发色剂加入孔中并且孵育。结合的酶标记物将发色剂转化为蓝色产物。加入反应停止液后使颜色由蓝色转变为黄色。在 450nm 处测量吸光度值，吸光度比值与样品中的克伦特罗浓度的自然对数成反比。

任务四　矿物油的检测

相关知识

一、矿物油概述

矿物油是一种重要的石油化工产品，又称白油、液体石蜡、白色油等，是原油经过一系列化学转化而形成的烃类物质，常用的有工业级、化妆品级、医用级和食品级。

符合 GB 1886.215—2016《食品安全国家标准　食品添加剂　白油（又名液体石蜡）》要求的食品级白油，主要用于食品上光、脱膜、消泡、保鲜，以及作为食品机械和手术器械的防锈剂、润滑剂、谷物贮藏的防尘剂、食品级塑料或树脂增塑剂等。一些不法商贩为了盈利，降低成本，在粮油及其制品中加入廉价的工业级矿物油，如掺入植物油中及用于陈化米的涂膜等，达到增加亮度和光泽的目的。由于价格原因，粮油食品中违法添加的油均为工业级矿物油；另外，在粮油加工生产过程中，机器的密封性差，其中的机油、润滑油等矿物油物质进入食用油生产线中，也会使其混入成品油中。

二、矿物油的物理性质

矿物油为无色半透明油状的液体，沸点为300~350℃，其含有重金属、苯并芘、长碳烷烃等，易燃并且黏度高，密度小于水且不溶于水和乙醇，溶于挥发油，在冷的条件下无臭、无味，遇热时略有石油样气味，对光、热和酸等条件稳定，但如果长时间接触光和热会被慢慢氧化。

三、矿物油的危害特性

矿物油中的长链烷烃、重金属和芳香烃等包含着许多对生物体造成危害的有毒物质，这些成分可以通过食物链最终危及人类的健康和安全。矿物油在人体肠道内不被吸收、消化。大量摄入矿物油可致便秘、腹泻交替出现；长期摄入可导致消化系统障碍，使人产生恶心、呕吐等症状，引发突发性食物中毒，严重者可导致昏迷；破坏人体的呼吸系统，导致呼吸衰竭；还会引起人的皮肤过敏发炎；矿物油会将人体内脂溶性维生素全部带出，影响脂溶性维生素 A、维生素 D、维生素 E、维生素 K 和钙、磷等的吸收，引起畸形、癌症等一系列病变，对人体极其有害。

GB 2760—2024《食品安全国家标准　食品添加剂使用标准》中规定了食品级白油（液体石蜡）可用于除胶基糖果以外的其他糖果、鲜蛋，最大使用量为 5.0g/kg。

》实训任务　大米中矿物油的快速检测（皂化法）

一、任务目标

掌握大米样品中矿物油快速检测的皂化法，并进行结果判断。

二、任务实施

1. 材料用具

1）市售大米。
2）冷凝管、锥形瓶。
3）氢氧化钾溶液（15g 氢氧化钾溶于 10mL 水中）、95% 乙醇。

2. 方法步骤

（1）操作　称取约 30g 大米至洁净的锥形瓶中，加入 3mL 氢氧化钾溶液，加入 25mL95% 乙醇，连接冷凝管，在沸腾状态下皂化约 10min，皂化过程中轻摇皂化瓶，以便于油样与氢氧化钾溶液皂化反应完全。取下皂化瓶，加入 50mL 沸水，摇匀，观察皂化瓶内壁水珠的挂壁情况。

（2）判定　如果皂化液透明，瓶内壁光洁，说明样品大米中无矿物油。如果溶液表面有油滴或皂化瓶内表面的水有挂壁现象，溶液变得不透明，说明样品大米中有矿物油。

（3）数据记录　记录测定数据，填写数据记录（表9-4）。

表9-4　大米中矿物油含量的测定

样品名称		样品编号			样品质量/g		
检测地点		检测项目			检测依据		
检验	重复次数	1	2	3	……		
	样品质量						
结果分析							
检验人：			校核人：				

任务评价

任务考核评价单

项目			班级				
工作任务			姓名		学号		
序号	任务及技术要求	评分标准	学生自评 10%	小组评价 10%	教师评价 60%	企业评价 20%	
1	制定工作方案 20分	正确选用标准；方案制定合理					
2	样品制备 30分	样品处理得当，无明显固体残留；样品制备过程操作规范，无污染					
3	测定操作 30分	冷凝管设备连接准确，无泄漏；正确加热					
4	结果表述 20分	结果评判合理，能够正确解释测定结果					
得分：							
教师签字：						年　月	

知识拓展

大米中矿物油含量的检测方法还有薄层色谱法、气相色谱 – 质谱联用法及快速检测法等。

一、薄层色谱法

薄层色谱法是根据吸附剂对分离组分吸附能力的不同,以及食用油脂与矿物油极性的不同,在流动相浸湿薄层板的过程中,样品随着流动相展开,不同的组分随流动相以不同的速度向前移动,最终保留在薄层板的不同位置,从而达到分离的目的。

本方法步骤为分别准确称取含不同浓度矿物油的待检油样 1g 于试管中,加入 4mL 正己烷溶解,混匀。在离硅胶 G 薄层板下端 1~2cm 处,分别滴加 0.3mL 样品溶液,将点好样品的薄层板放入展开槽中(展开剂为正己烷:乙醚:冰乙酸=80:20:2,体积比),展开至距薄层板边缘 1cm 左右时(30~40min)取出,显色,晾干,于紫外灯下观察,计算比移值并进行分析。

二、气相色谱 – 质谱联用法

本方法步骤为准确称取 3.00g 粉碎后的大米样品于 50mL 比色管中,加入 20mL 正己烷,超声提取 10min,过滤,残渣继续用 20mL 正己烷提取,过滤后合并 2 次滤液,将滤液在 45℃水浴上旋转蒸发至近干,转移至 10mL 具塞离心试管后,用正己烷定容至 3mL,加入 1mL 浓硫酸后,涡旋混合 1min 后于 4500r/min 离心 5min,将上层溶液转移至另一离心试管中,水洗 2 次后,过 0.45μm 滤膜,加无水硫酸钠干燥后,上气相色谱质谱仪测定。

色谱测定条件:色谱柱为 DB5-MS 石英毛细管柱 [30m×0.25mm(内径)×0.25μm(膜厚)];进样口温度为 240℃;瞬间分流模式,分流比为 20:1;初始温度为 80℃,保持 1min,以 10℃/min 升至 210℃,再以 5℃/min 升至 310℃,保持 10min;载气为高纯氦气(纯度大于或等于 99.999%);流速为 1.0mL/min,恒流;进样量为 1μL。

质谱条件:电离方式为电子轰击源(EI);电离能量为 70eV;传输线温度为 250℃;离子源温度为 230℃;溶剂延迟时间为 2.5min;检测模式为选择离子模式;检测器电压为 1200V;质量范围为(+)40.0~450.0。即可进行测定。

三、快速检测法

本方法取有机大米样品(样品杯的小半杯量),加入 70℃以上的热水至样品杯近满处。用洁净的牙签轻轻搅动 30s 以上,静置片刻,使溶液温度降低到 50℃以下(固体石蜡的熔点为 50~65℃)。如果样品杯中掺有石蜡,液面上会出现细微的油珠,且随着温度降低和时间延长,液体石蜡的油珠聚集加大,固体石蜡的油珠会结成白色片状物浮于液面上。

课后习题

1. 简述乳制品中三聚氰胺污染对人体的危害。
2. 叙述高效液相色谱法测定三聚氰胺的原理。
3. 简述液态乳样品的处理方法。
4. 瘦肉精是什么？
5. 简述克伦特罗对人体的危害。
6. 简述高效液相色谱法测定克伦特罗的原理。
7. 畜禽肉中克伦特罗含量测定的预处理步骤是什么？
8. 什么是矿物油？
9. 食用油脂被工业汽油、煤油、柴油等矿物油污染的质量事故时有发生，造成污染的原因有哪些？
10. 如何通过感官鉴定法检测大米中的矿物油？

项目十
农产品中生物毒素的测定

项目导学
- 生物毒素（Biotoxin）是一大类生物活性物质的总称。生物毒素具有多样性和复杂性，许多生物毒素还没有被发现或被认识，生物毒素中毒的救治与公害防治至今仍然是世界性的难题。

项目目标
- 知识学习目标：掌握黄曲霉毒素和玉米赤霉烯酮的基本概念、化学结构及其在花生和玉米中的存在形式。
- 技能培养目标：能够独立进行花生和玉米样品的采集、制备和预处理，以满足检测要求。
- 职业情感目标：培养严谨的科学态度和实验精神，注重实验操作的规范性和安全性。

任务一　黄曲霉毒素的测定

◎ 相关知识

一、农产品中的生物毒素

农产品中的生物毒素主要包括细菌毒素、真菌毒素、植物毒素、昆虫毒素、动物毒素和海洋生物毒素。

污染粮食等农产品的生物毒素属于真菌毒素，是真菌的代谢产物。能产生毒素的真菌称为产毒真菌。目前已经发现了300多种结构不同的真菌毒素，已经被分离鉴定的有20多种。其中对农业及人类健康的危害程度最大的是黄曲霉毒素，其次为赭曲霉毒素A、单端孢霉烯族化合物、玉米赤霉烯酮、橘青霉素、杂色曲霉素、展青霉素、圆弧偶氮酸、伏马菌素等。

扫码看视频

1. 农产品中真菌的产毒条件

真菌毒素的形成与真菌生长繁殖的环境条件密切相关，当生长条件不利时，真菌的生长发育受抑制，为维持生命，真菌减少或停止一些不重要的代谢活动（如产生毒素等）。

决定产毒真菌能否产毒的条件主要有：

（1）温度 大部分真菌为嗜中温微生物，最适生长温度为37℃左右，其产毒温度略低于最适生长温度，如黄曲霉的最适生长温度为37℃，其产毒温度为28~32℃。

（2）水分 真菌生长需要水分，其能利用农产品中的自由水但不能利用结合水，所以农产品中自由水的含量即农产品水分活度（A_w）决定真菌生长及能否产毒。适宜真菌产毒的水分活度为0.8~0.9，当水分活度低于0.7时，大多数真菌停止产毒。

（3）基质 糖类是真菌生长所需的主要营养物质。此外，真菌生长还需要矿物质和少量氮。所以，黄曲霉容易在玉米、花生等农产品上生长产毒，而豆类的产毒量很低。

2. 农产品被真菌污染的危害

真菌污染农产品后，在适宜的温度、湿度及营养充分的条件下，即可繁殖产毒，使食用了污染农产品的人或动物受到真菌毒素的毒害。人摄入被真菌毒素污染的农产品，如保存不善的玉米、花生、小麦等粮食及其制品，可直接受到毒害。

二、黄曲霉毒素概述

黄曲霉毒素（Aflatoxin，AFT）是由黄曲霉、寄生曲霉、集峰曲霉和伪溜曲霉（主要是黄曲霉和寄生曲霉）在生长后期分泌产生的一种次生代谢物，目前已分离鉴定出超12种黄曲霉毒素。

黄曲霉毒素具有二呋喃环和香豆素（氧杂萘邻酮）的基本结构，其中二呋喃环是产生毒性的结构，香豆素可能与致癌作用有关。在365nm紫外线波长下，黄曲霉毒素B_1、黄曲霉毒素B_2发蓝紫色荧光，黄曲霉毒素G_1、黄曲霉毒素G_2发黄绿色荧光。黄曲霉毒素的相对分子质量为312~346，难溶于水，易溶于油、甲醇、丙酮等有机溶剂，但不溶于乙醚、石油醚和己烷。一般在中性溶液中比较稳定，在强酸性溶液中稍有分解，在pH为9~10的强碱性溶液中分解迅速（但此反应可逆，在酸性条件下又能形成带有荧光的黄曲霉毒素）。其纯品为无色结晶，耐高温（黄曲霉毒素B_1的分解温度为268℃），分子结合力稳定，紫外线对低浓度黄曲霉毒素有一定的破坏性。

实训任务 黄曲霉毒素B族和G族的测定（高效液相色谱－柱前衍生法）

一、任务目标

掌握利用高效液相色谱－柱前衍生法用于精确测定食品或饲料样品中黄曲霉毒素B族和G族含量的方法。试样中的黄曲霉毒素B_1、黄曲霉毒素B_2、黄曲霉毒素G_1和黄曲霉毒素G_2（以下简称$AFTB_1$、$AFTB_2$、$AFTG_1$和$AFTG_2$）用乙腈－水溶液或甲醇－水溶液的混合溶液提取，提取液经黄曲霉毒素固相净化柱净化去除脂肪、蛋白质、色素及碳水化合物等干扰物质，净化液用三氟乙酸柱前衍生，液相色谱分离，荧光检测器检测，外标法定量。

二、任务实施

1. 材料用具

1）市售谷物。

2）匀浆机、高速粉碎机、组织捣碎机、超声波/涡旋振荡器或摇床、分析天平（感量为0.01g和0.00001g）、高速均质器（转速为6500~24000r/min）、离心机（转速大于或等于6000r/min）、玻璃纤维滤纸（快速、高载量、液体中颗粒保留1.6μm）、氮气吹干仪、液相色谱仪[配荧光检测器、色谱分离柱、黄曲霉毒素专用型固相萃取净化柱（以下简称净化柱），或相当者]、一次性微孔滤头[带0.22μm微孔滤膜（所选用滤膜应采用标准溶液检验确认无吸附现象，方可使用）]、筛网（1~2mm试验筛孔径）、恒温箱、pH计。

3）甲醇（色谱纯）、乙腈（色谱纯）、三氟乙酸。除非另有说明，本方法所用试剂均为分析纯，水为GB/T 6682—2008《分析实验室用水规格和试验方法》规定的一级水。

4）一般试剂配制。

①乙腈-水溶液（84+16）：取840mL乙腈加入160mL水。

②甲醇-水溶液（70+30）：取700mL甲醇加入300mL水。

③乙腈-水溶液（50+50）：取500mL乙腈加入500mL水。

④乙腈-甲醇溶液（50+50）：取500mL乙腈加入500mL甲醇。

5）标准品（标准物质可以使用满足溯源要求的商品化标准溶液）。

① $AFTB_1$ 标准品（$C_{17}H_{12}O_6$，CAS号：1126-65-8）：纯度大于或等于98%，或经国家认证并授予标准物质证书的标准物质。

② $AFTB_2$ 标准品（$C_{17}H_{14}O_6$，CAS号：7220-81-7）：纯度大于或等于98%，或经国家认证并授予标准物质证书的标准物质。

③ $AFTG_1$ 标准品（$C_{17}H_{12}O_7$，CAS号：1165-39-5）：纯度大于或等于98%，或经国家认证并授予标准物质证书的标准物质。

④ $AFTG_2$ 标准品（$C_{17}H_{14}O_7$，CAS号：7241-98-7）：纯度大于或等于98%，或经国家认证并授予标准物质证书的标准物质。

6）标准溶液配制。

①标准储备溶液（10μg/mL）：分别称取 $AFTB_1$、$AFTB_2$、$AFTG_1$ 和 $AFTG_2$ 各1mg（精确至0.01mg），用乙腈溶解并定容至100mL。此溶液浓度约为10μg/mL。溶液转移至试剂瓶中后，在-20℃下避光保存，备用。

②混合标准工作液（$AFTB_1$ 和 $AFTG_1$：100ng/mL，$AFTB_2$ 和 $AFTG_2$：30ng/mL）：准确移取 $AFTB_1$ 和 $AFTG_1$ 标准储备溶液各1mL，$AFTB_2$ 和 $AFTG_2$ 标准储备溶液各300μL至100mL容量瓶中，乙腈定容。密封后避光-20℃下保存，3个月内有效。

③标准系列工作溶液：分别准确移取混合标准工作液10μL、50μL、200μL、500μL、

1000μL、2000μL、4000μL 至 10mL 容量瓶中,用初始流动相定容至刻度(含 AFTB$_1$ 和 AFTG$_1$ 浓度为 0.1ng/mL、0.5ng/mL、2.0ng/mL、5.0ng/mL、10.0ng/mL、20.0ng/mL、40.0ng/mL,AFTB$_2$ 和 AFTG$_2$ 浓度为 0.03ng/mL、0.15ng/mL、0.6ng/mL、1.5ng/mL、3.0ng/mL、6.0ng/mL、12ng/mL 的系列标准溶液)。

2. 方法步骤

(1)样品制备(以谷物及其制品、坚果及籽类等固体样品为例) 采样量需大于 1kg,用高速粉碎机将其粉碎,过筛,使其粒径小于 2mm 孔径试验筛,混合均匀后缩分至 100g,装入样品瓶,密封保存,供检测用。

(2)样品提取 称取 5g 试样(精确至 0.01g)于 50mL 离心管中,加入 20mL 乙腈-水溶液(84+16)或甲醇-水溶液(70+30),涡旋混匀,置于超声波/涡旋振荡器或摇床中振荡 20min(或用均质器均质 3min),在 6000r/min 下离心 10min(或均质后玻璃纤维滤纸过滤),取上清液备用。

(3)样品黄曲霉毒素固相净化柱净化 移取适量上清液,按净化柱操作说明进行净化,收集全部净化液。

(4)衍生 用移液管准确吸取 4mL 净化液于 10mL 离心管后在 50℃下用氮气缓缓地吹至近干,分别加入 200μL 正己烷和 100μL 三氟乙酸,涡旋 30s,在(40±1)℃的恒温箱中衍生 15min,衍生结束后,在 50℃下用氮气缓缓地将衍生液吹至近干,用初始流动相定容至 1.0mL,涡旋 30s 溶解残留物,过 0.22μm 滤膜,收集滤液于进样瓶中以备进样。

(5)色谱参考条件

1)流动相。A 相:水,B 相:乙腈-甲醇溶液(50+50)。

2)梯度洗脱。24%B(0~6min),35%B(8.0~10.0min),100%B(10.2~11.2min),24%B(11.5~13.0min)。

3)色谱柱。C$_{18}$ 柱(柱长 150mm 或 250mm,柱内径为 4.6mm,填料粒径为 5.0μm),或相当者。

4)流速为 1.0mL/min。柱温 40℃。进样体积为 50μL。

5)检测波长。激发波长为 360nm,发射波长为 440nm。

6)液相色谱图(图 10-1)。

(6)样品测定

1)标准曲线的制作。系列标准工作溶液由低到高浓度依次进样检测,以峰面积为纵坐标、浓度为横坐标作图,得到标准曲线回归方程。

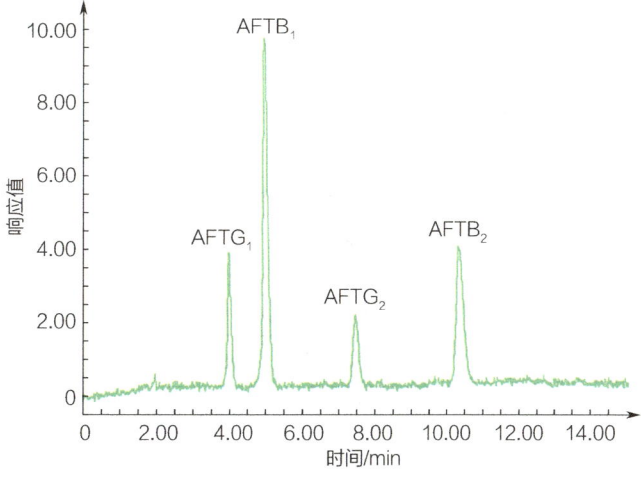

图 10-1 4 种黄曲霉毒素 TFA 柱前衍生液相色谱
(0.5ng/mL 标准溶液)

2）试样溶液的测定。待测样液中待测化合物的响应值应在标准曲线线性范围内，浓度超过线性范围的样品则应稀释后重新进样分析。

3）空白试验。不称取试样，按上述步骤做空白试验（应确认不含有干扰待测组分的物质）。

（7）结果计算 试样中 $AFTB_1$、$AFTB_2$、$AFTG_1$ 和 $AFTG_2$ 的残留量按下式计算。

$$X = \frac{\rho \times V_1 \times V_3 \times 1000}{V_2 \times m \times 1000}$$

式中 X——试样中 $AFTB_1$、$AFTB_2$、$AFTG_1$ 或 $AFTG_2$ 的含量，单位为 μg/kg；

ρ——进样溶液中 $AFTB_1$、$AFTB_2$、$AFTG_1$ 或 $AFTG_2$ 按照外标法在标准曲线中对应的浓度，单位为 ng/mL；

V_1——试样提取液体积，单位为 mL；

V_3——净化液的最终定容体积，单位为 mL；

1000——换算系数；

V_2——净化柱净化后的取样液体积，单位为 mL；

m——试样的称样量，单位为 g。

计算结果保留 3 位有效数字。

精密度：在重复性条件下获得的 2 次独立测定结果的绝对差值不得超过算术平均值的 20%。

（8）数据记录 记录测定数据，填写数据记录（表 10-1）。

表 10-1 黄曲霉毒素测定数据记录

样品名称		样品编号			样品质量 /g	
检测地点		检测项目			检测依据	
仪器型号名称			检测日期			
计算公式						
计算结果	重复次数	1	2	3	4	……
	试样的称样量 m/g					
	进样溶液中 $AFTB_1$、$AFTB_2$、$AFTG_1$ 或 $AFTG_2$ 按照外标法在标准曲线中对应的浓度 ρ/（ng/mL）					
	试样提取液体积 V_1/mL					
	净化液的最终定容体积 V_3/mL					
	换算系数					
	净化柱净化后的取样液体积 V_2/mL					

(续)

计算结果	试样中 $AFTB_1$、$AFTB_2$、$AFTG_1$ 或 $AFTG_2$ 的含量 X/（μg/kg）				
	平均值 X/（mg/kg）				

检验人：　　　　　　校核人：

3. 注意事项

1）本方法参照 GB 5009.22—2016《食品安全国家标准　食品中黄曲霉毒素 B 族和 G 族的测定》。

2）当称取样品 5g 时，柱前衍生法的 $AFTB_1$ 的检出限为 0.03μg/kg，$AFTB_2$ 的检出限为 0.03μg/kg，$AFTG_1$ 的检出限为 0.03μg/kg，$AFTG_2$ 的检出限为 0.03μg/kg；柱前衍生法的 $AFTB_1$ 的定量限为 0.1μg/kg，$AFTB_2$ 的定量限为 0.1μg/kg，$AFTG_1$ 的定量限为 0.1μg/kg，$AFTG_2$ 的定量限为 0.1μg/kg。

任务评价

任务考核评价单

项目			班级			
工作任务			姓名		学号	
序号	任务及技术要求	评分标准	学生自评 10%	小组评价 10%	教师评价 60%	企业评价 20%
1	制定工作方案 10 分	正确选用标准；方案制定合理				
2	样品制备 10 分	试样制备正确、无交叉污染				
3	样品提取 20 分	正确操作涡旋振荡器				
4	净化、衍生 10 分	按照净化、衍生流程进行操作				
5	色谱条件设置 10 分	能正确设定色谱条件				
6	测定 20 分	能按照工作条件操作高效液相测定仪器，并测定样品记录数据				
7	结果分析 20 分	原始数据记录准确、完整，书写工整美观；公式正确、正确保留有效数字；测定结果精密度符合标准要求				
得分：						
教师签字：					年　月	

知识拓展

在食品安全领域，黄曲霉毒素的检测是一项至关重要的任务，因为它们对人类健康构成严重威胁。黄曲霉毒素是由某些真菌，特别是黄曲霉菌产生的有毒化合物，其中黄曲霉毒素 B_1 是最常见的形式。随着科技的发展，多种检测方法应运而生，以应对不同检测需求和提高检测效率。

黄曲霉毒素测定方法中，高效液相色谱法因其高灵敏度、高分离度和准确性，已成为定量分析的首选方法。这种方法能够精确地测定出食品或饲料样品中黄曲霉毒素 B 族和 G 族的含量，是目前应用最为广泛的一种技术。

传统的薄层色谱法，尽管是检测黄曲霉毒素的经典方法，但由于操作过程烦琐、技巧难以掌握，以及重现性和灵敏度方面的限制，加之对有机溶剂的大量需求，导致环境污染问题，因此逐渐被更为先进的方法所取代。

微柱筛选法以其快速性适用于大批量样品的初步筛选，为初步评估样品是否含有黄曲霉毒素提供了一种高效的手段。

荧光光度法则利用了黄曲霉毒素在紫外线照射下发出特有荧光的特性，通过免疫亲和柱或特制的高效萃取柱进行净化，不仅效果好，而且操作相对安全。

酶联免疫吸附法操作简便、成本低廉，特别适合于黄曲霉毒素 B_1 污染的大规模监测和控制，市场上已有多种快速检测试剂盒可供使用，极大地方便了黄曲霉毒素的筛查工作。

随着分析技术的不断进步，黄曲霉毒素的检测方法也在不断优化和更新，以满足食品安全检测的高标准要求。

任务二 玉米赤霉烯酮的测定

相关知识

一、玉米赤霉烯酮概述

玉米赤霉烯酮（Zearalenone），又称 F-2 毒素，是由镰刀菌产生的一种有雌激素样活性的真菌毒素。其产毒菌主要是镰刀菌属的菌株。玉米赤霉烯酮具有生殖毒性、免疫毒性，对肿瘤发生也有一定影响，对人和动物的健康存在很大的潜在危害。

玉米赤霉烯酮纯品为白色晶体，分子式为 $C_{18}H_{22}O_5$，相对分子质量为 318，熔点为 164~165℃，不溶于水、二硫化碳、四氯化碳，溶于碱性溶液、乙醚、苯及甲醇、乙醇等。其甲醇溶液在紫外线下呈明亮的绿蓝色荧光。在植

扫码看视频

物和动物体内，玉米赤霉烯酮转化为相应的代谢产物。

二、玉米赤霉烯酮危害分析及其在农产品中的限量标准

玉米赤霉烯酮主要污染玉米、高粱、小麦、大麦等谷类作物及其制品如饲料等。

玉米赤霉烯酮具有雌激素样作用，能引起动物流产、产死胎等生殖机能异常，还可以导致生长速度下降、免疫抑制、不育、畸形等。它分布广、繁殖快、代谢产物多、残留时间长，给畜牧业带来很大危害。国内外学者做了大量的研究，发现它主要通过影响机体的生殖性能，引起细胞凋亡、致畸、损伤DNA、氧化损害、影响免疫机能等机制，影响动物和人类的健康。

由于玉米赤霉烯酮的毒性作用，我国 GB 2761—2017《食品安全国家标准 食品中真菌毒素限量》中对谷物及其制品中玉米赤霉烯酮的限量为不超过 60μg/kg。

三、玉米赤霉烯酮污染的处理措施

玉米赤霉烯酮在体内有一定的残留和蓄积，毒素通过代谢排出体外常需半年。到目前为止，还没有有效的方法可以破坏玉米赤霉烯酮，一般对其采用防范和脱毒处理。

1. 防范措施

（1）控制温度　玉米赤霉烯酮的产毒菌最适生长温度为24~32℃，因此应避免在此温度范围内贮藏谷物，常在低温干燥条件下贮藏。

（2）控制水分　水分含量为22%~25%的谷物等农产品最易感染此菌，因此可将水分尽量控制在14%以下。

（3）控制氧气　此菌为需氧菌，空气中含氧量大于3%时就会迅速生长，若含氧量控制在0.5%以下，其生长会受到抑制。

（4）添加防霉剂　主要的防霉剂为有机酸及其盐类，如丙酸、乙酸等，通常几种防霉剂混合使用效果较好。

（5）控制污染源　贮藏时避免接触已经带菌的原料及饲料，对已受污染的要及时处理。

2. 脱毒处理

脱毒处理的方法包括石灰水浸泡法、氯化法、去皮法、脱胚去毒法、化学处理法（如酸化法、碱化法等）、使用吸附剂（如黏土、膨润土等）、脱霉法等。

实训任务　玉米中玉米赤霉烯酮的测定（液相色谱法）

一、任务目标

掌握液相色谱法对玉米中玉米赤霉烯酮的测定技术。

二、任务实施

1. 材料用具

1）玉米、玉米赤霉烯酮免疫亲和柱（柱规格为 1mL 或 3mL，柱容量大于或等于 1500ng，或等效柱）、玻璃纤维滤纸（直径为 11cm，孔径为 1.5μm，无荧光特性）。

2）高效液相色谱仪（配有荧光检测器）、高速粉碎机（转速大于或等于 12000r/min）、均质器（转速大于或等于 12000r/min）、高速均质器（转速为 18000~22000r/min）、氮气吹干仪、空气压力泵、玻璃注射器（10mL）、分析天平（感量为 0.0001g 和 0.01g）。

3）甲醇（色谱纯）、乙腈（色谱纯）、氯化钠、氯化钾、磷酸氢二钠、磷酸二氢钾、吐温 -20、盐酸。除非另有说明，本方法所用试剂均为分析纯，水为 GB/T 6682—2008《分析实验室用水规格和试验方法》规定的一级水。

4）一般试剂配制。

①提取液：乙腈 – 水（9+1）。

② PBS 清洗缓冲液：称取 8.0g 氯化钠、1.2g 磷酸氢二钠、0.2g 磷酸二氢钾、0.2g 氯化钾，用 990mL 水将上述试剂溶解，用盐酸调节 pH 至 7.0，用水定容至 1L。

③ PBS/ 吐温 -20 缓冲液：称取 8.0g 氯化钠、1.2g 磷酸氢二钠、0.2g 磷酸二氢钾、0.2g 氯化钾，用 900mL 水将上述试剂溶解，用盐酸调节 pH 至 7.0，加入 1mL 吐温 -20，用水定容至 1L。

④标准品玉米赤霉烯酮（CAS 号：17924-92-4），纯度大于或等于 98.0%。或经国家认证并授予标准物质证书的标准物质。

5）标准溶液配制。

①标准储备液：准确称取适量的标准品（精确至 0.0001g），用乙腈溶解，配制成浓度为 100μg/mL 的标准储备液，-18℃以下避光保存。

②系列标准工作液：根据需要准确吸取适量标准储备液，用流动相稀释，配制成 10ng/mL、50ng/mL、100ng/mL、200ng/mL、500ng/mL 的系列标准工作液，4℃避光保存。

2. 方法步骤

（1）提取　称取 40g 粉碎试样（精确到 0.01g）置于均质杯中，加入 4g 氯化钠和 100mL 提取液，以均质器高速搅拌提取 2min，定量滤纸过滤。移取 10mL 滤液加入 40mL 水稀释混匀，经玻璃纤维滤纸过滤至滤液澄清，滤液备用。

（2）净化　将免疫亲和柱连接于玻璃注射器下。准确移取 10mL 滤液，注入玻璃注射器中，将空气压力泵与玻璃注射器连接，调节压力使溶液以 1~2 滴 /s 的流速缓慢通过免疫亲和柱，直至有部分空气进入亲和柱中。用 5mL 水淋洗柱子 1 次，流速为 1~2 滴 /s，直至有部分空气进入亲和柱中，弃去全部流出液。准确加入 1.5mL 甲醇洗脱，流速约为每秒 1 滴。收集洗脱液于干净的玻璃试管中，于 55℃以下氮气吹干后，用 1mL 流动相溶解残渣，供液相色谱测定。

（3）空白试验　不称取试样，按上述步骤做空白试验。应确认不含有干扰待测组分的物质。

（4）测定

1）高效液相色谱参考条件。

①色谱柱：C_{18}柱，柱长为150mm，内径为4.6mm，粒度为4μm，或等效柱。

②流动相：乙腈–水–甲醇（46∶46∶8，体积比）。流速为1.0mL/min。进样量为100μL。柱温为室温。

③检测波长：激发波长为274nm，发射波长为440nm。

2）标准曲线的制作。将系列玉米赤霉烯酮标准工作液按浓度从低到高依次注入高效液相色谱仪，得到相应的峰面积。以目标物质的浓度为横坐标，目标物质的峰面积为纵坐标制作标准曲线。

3）试样溶液的测定。将待测试样溶液注入高效液相色谱仪，得到玉米赤霉烯酮的峰面积。由标准曲线得到试样溶液中玉米赤霉烯酮的浓度。

（5）结果计算　试样中玉米赤霉烯酮的含量按下式计算：

$$X = \frac{\rho \times V \times 1000}{m \times 1000} \times f$$

式中　X——试样中玉米赤霉烯酮的含量，单位为μg/kg；

ρ——试样测定液中玉米赤霉烯酮的浓度，单位为ng/mL；

V——试样测定液的最终定容体积，单位为mL；

1000——单位换算常数；

m——试样的称样量，单位为g；

f——稀释倍数。

计算结果需扣除空白值，保留2位有效数字。

精密度：在重复性条件下获得的2次独立测试结果的绝对差值不得超过算术平均值的15%。

（6）数据记录　记录测定数据，填写数据记录（表10-2）。

表10-2　玉米赤霉烯酮测定数据记录

样品名称			样品编号		样品质量/g		
检测地点			检测项目		检测依据		
仪器型号名称				检测日期			
计算公式							
计算结果	重复次数	1	2	3	4	……	
	试样的称样量 m/g						

（续）

计算结果	试样测定液中玉米赤霉烯酮的浓度 ρ/（ng/mL）				
	试样测定液的最终定容体积 V/mL				
	单位换算常数				
	稀释倍数 f				
	试样中玉米赤霉烯酮的含量 X/（μg/kg）				
	平均值 $\bar{X}$/（μg/kg）				

检验人：　　　　　　　　　校核人：

3. 注意事项

1）本方法参照 GB 5009.209—2016《食品安全国家标准　食品中玉米赤霉烯酮的测定》。

2）本方法适用于粮食和粮食制品，酒类，酱油、醋、酱及酱制品，大豆、油菜籽、食用植物油中玉米赤霉烯酮的测定。

3）本方法对粮食和粮食制品中玉米赤霉烯酮的检出限为 5μg/kg，定量限为 17μg/kg。酒类中玉米赤霉烯酮的检出限为 20μg/kg，定量限为 66μg/kg。酱油、醋、酱及酱制品中玉米赤霉烯酮的检出限为 50μg/kg，定量限为 165μg/kg。大豆、油菜籽、食用植物油中玉米赤霉烯酮的检出限为 10μg/kg，定量限 33μg/kg。

任务评价

任务考核评价单

项目			班级		
工作任务			姓名		学号

序号	任务及技术要求	评分标准	学生自评 10%	小组评价 10%	教师评价 60%	企业评价 20%
1	制定工作方案 10 分	正确选用标准；方案制定合理				
2	样品制备 10 分	试样制备正确、无交叉污染				
3	提取 20 分	正确操作高速粉碎机、均质器				
4	净化、空白试验 10 分	按照净化、空白试验流程进行操作				
5	色谱条件设置 10 分	能正确设定色谱条件				

(续)

序号	任务及技术要求	评分标准	学生自评 10%	小组评价 10%	教师评价 60%	企业评价 20%
6	测定 20分	能按照工作条件操作高效液相测定仪器，并测定样品记录数据				
7	结果分析 20分	原始数据记录准确、完整，书写工整美观；公式正确、正确保留有效数字；测定结果精密度符合标准要求				
得分：						
教师签字：				年　　月		

知识拓展

在农产品安全检测领域，玉米赤霉烯酮作为一种常见的真菌毒素，其准确测定对于保障食品安全至关重要。随着科技的进步和分析技术的发展，多种检测方法被应用于玉米赤霉烯酮的测定。以下是对这些方法的简要介绍和比较。

薄层色谱法是较早用于玉米赤霉烯酮检测的经典方法，以其操作简便和费用低廉而受到青睐；然而，这种方法的缺点在于过程琐碎且耗时，灵敏度和特异度相对较差，在观察评定中人为因素占主导地位，容易产生较大的误差。因此，目前本方法主要在特殊情况下作为仲裁检验使用。

液相色谱法以其高灵敏度和精确的测定能力，成为目前农产品样品中玉米赤霉烯酮定性与定量分析的主流方法。本方法的应用大大提高了检测的准确性和可靠性。

近年来，高效液相色谱-质谱（HPLC-MS）联用技术发展迅速，它结合了色谱的高分辨率和质谱的高灵敏度，不仅能够进行定性和定量检测，还具备了良好的选择性，为玉米赤霉烯酮的检测提供了更为先进的技术手段。

此外，酶联免疫吸附法检测试剂盒和胶体金免疫层析法快速检测卡的问世，为玉米赤霉烯酮的快速检测提供了便利，这些方法以其快速、简便的特点，在大批量样品的初步筛查中显示出独特的优势。

课后习题

一、填空题

1. 生物毒素是一大类生物活性物质的总称，食品中的生物毒素主要包括：_____、_____、_____、昆虫毒素、动物毒素和海洋生物毒素。前3种属于生物污染剂，是_____分泌的有毒物质。

2. 污染粮食等农产品的生物毒素属于_____，是真菌的_____。能产生毒素的真菌被称为_____。目前已经发现了300多种结构不同的真菌毒素，已经被分离鉴定的有20多种，其中对农业及人类健康的危害程度最大的是_____。

3. 根据真菌毒素所作用的实质器官，可将真菌毒素分为：_____、_____、神经毒、造血组织毒、_____、_____、呼吸道毒，以及类性激素样物质。

4. 黄曲霉毒素是由_____、_____、集峰曲霉和伪溜曲霉在生长后期分泌产生的一种次生代谢物，主要有_____、_____、_____、_____等几种，毒性最强的是_____。

5. 动物摄入黄曲霉毒素 B_1 和黄曲霉毒素 B_2 后在体内经过羟基化而衍生成代谢产物_____和_____，一部分从尿液和乳汁排出，一部分存在于动物的可食部分，如肝脏、肾脏、蛋、血和肌肉中。

6. 黄曲霉毒素具有_____和_____的基本结构，其中_____是产生毒性的结构，_____可能与致癌作用有关。

7. 在365nm紫外线波长下，黄曲霉毒素 B_1、黄曲霉毒素 B_2 发_____荧光，黄曲霉毒素 G_1、黄曲霉毒素 G_2 发_____荧光。黄曲霉毒素难溶于_____，易溶于_____等有机溶剂，但不溶于_____。一般在中性、酸性溶液中比较稳定，在 pH 为 9~10 的碱性溶液中_____。

8. 玉米赤霉烯酮具有_____作用，能引起动物的异常。

9. 鉴于玉米赤霉烯酮毒性强，分布广，我国 GB 2761—2017《食品安全国家标准 食品中真菌毒素限量》中对谷物及其制品中玉米赤霉烯酮的限量为不超过_____μg/kg。

二、简答题

1. 简述黄曲霉毒素的危害。
2. 简述高效液相色谱-柱前衍生法测定黄曲霉毒素 B_1、黄曲霉毒素 B_2、黄曲霉毒素 G_1、黄曲霉毒素 G_2 的原理。
3. 简述真菌的产毒条件。
4. 简述农产品被污染后对人和动物的危害。
5. 简述玉米赤霉烯酮的主要理化性质。
6. 简述如何防范玉米赤霉烯酮污染。
7. 简述液相色谱法检测玉米中玉米赤霉烯酮的原理。
8. 简述液相色谱法检测玉米赤霉烯酮时样品预处理、提取、净化的方法。
9. 简述液相色谱法检测玉米赤霉烯酮的色谱参考条件。

项目十一
放射性污染的基础认知及测定

项目导学

- 人类活动排放出的放射性污染物，使环境的放射性水平高于天然本底或超过国家规定的标准。放射性核素排入环境中后，可造成大气、水体和土壤的污染，并通过大气扩散和水汽输送在自然界得到稀释和迁移。环境中的放射性核素可通过多种途径进入人体，使人受到放射性伤害。因此，加强对放射性污染源的认识及测定工作，尽可能减少排放事故，并对可能发生的排放事故采取应急处理措施，对于保护环境有重要意义。

项目目标

- 知识学习目标：了解放射性污染的概念及其对人体健康潜在的危害；熟悉放射性污染的测定方法；掌握测定放射性污染的原理及操作要点。
- 技能培养目标：能够熟练解读食品中放射性污染测定的相关国家标准，明确试验要求和操作流程。
- 职业情感目标：培养持续学习的习惯，关注放射性污染检测领域的最新技术和发展动态。

相关知识

放射性污染是指人类活动排出的放射性污染物，使环境的放射性水平高于天然本底或超过国家规定的标准，指因辐射源的影响而导致的对环境的污染。

一、放射性污染源的分类

环境放射性的辐射源有天然辐射源和人工辐射源两大类。天然辐射源中，一类是通过地球大气层的宇宙射线，另一类是地球水域和矿床（如铀、镭等矿）的天然辐射源。

1. 天然放射性污染源

自然环境中天然存在的放射性称天然放射性本底，是判断环境是否受到放射性污染的基准。天然放射性对人体的照射 80% 为外照射。

2. 人工放射性污染源

对环境造成放射性污染的人工污染源除了医用射线源、核试验产生的放射性沉降及核能工业的各种放射性废物外，还包括设有辐射源的各种装置与设备等。

（1）医疗放射性　医疗检查和诊断过程中，患者身体都要受到一定剂量的放射性照射。例如,进行一次胃部透视,一般接受 0.015~0.03Sv 的剂量。

(2)核武器试验的沉降物 在进行大气层、地面或地下核试验时,排入大气中的放射性物质与大气中的飘尘相结合,由于重力作用或雨雪的冲刷而沉降于地球表面,这些物质称为放射性沉降物或放射性粉尘。

(3)原子能工业排放的废物 原子能工业中核燃料的提炼、精制和核燃料元件的制造,都会有放射性废弃物产生和废水、废气的排放。由于原子能工业都采取了相应的安全防护措施,"三废"排放也受到严格控制,所以污染并不严重。但是,当原子能工厂发生意外事故,其污染是相当严重的。

(4)科研放射性污染 科研工作中广泛地应用放射性物质,除了研究原子能利用的单位外,金属冶炼、自动控制、生物工程、计量等研究部门几乎都有涉及放射性方面的课题和试验。在这些研究工作中都有可能造成放射性污染。

二、放射性核素在环境中的分布

(1)在土壤、岩石和水体中的分布 土壤和岩石中放射性核素的含量变动很大,主要取决于岩石层的性质和土壤的类型。在水体中的分布:海水中天然放射性核素主要是 ^{40}K、^{87}Rb 和铀系元素,含量与区域地理、水体交换等有关;淡水中天然放射性核素含量与岩石、水文地质、大气交换等有关,一般地下水中含有的放射性高于地面水,而且铀、镭的含量变化较大

(2)在大气中的分布 大多数核素可以出现在空气中,最主要的是氡的同位素(^{222}Rn),氡是镭的衰变产物,从岩石、土壤、水体和建筑材料中逸散到空气中,氡在日出前浓度最高,中午较低,相差 10 倍以上。

(3)在动植物组织中的分布 任何动植物体内都含天然放射性核素,与土壤、水、肥料有关。

(4)在室内空气中的分布 主要来源于建筑材料。

三、放射性污染的危害

1. 放射性物质进入人体的途径

放射性物质进入人体的途径主要有 3 种:呼吸道吸入、消化道食入、皮肤或黏膜侵入。放射性物质主要经消化道进入人体,通过呼吸道和皮肤进入的较少。而发生核试验和核工业泄漏事故时,放射性物质经消化道、呼吸道和皮肤这 3 条途径均可进入人体而造成危害。

(1)呼吸道吸入 从呼吸道吸入的放射性物质的吸收程度与其气态物质的性质和状态有关。难溶性气溶胶吸收较慢,可溶性气溶胶吸收较快;气溶胶粒径越大,在肺部的沉积越少。气溶胶被肺泡膜吸收后,可直接进入血液流向全身。

（2）消化道食入 消化道食入是放射性物质进入人体的重要途径。放射性物质既能被人体直接摄入，也能通过生物体，经食物链途径进入体内。

（3）皮肤或黏膜侵入 皮肤对放射性物质的吸收能力波动范围较大，一般为1%~1.2%，经由皮肤侵入的放射性污染物，能随血液直接输送到全身。由伤口进入的放射性物质吸收率较高。

放射性物质进入人体后，要经历物理、物理化学、化学和生物学4个辐射作用的不同阶段。当人体吸收辐射能后，先在分子水平发生变化，引起分子的电离和激发，尤其是大分子的损伤。有的发生在瞬间，有的需经物理的、化学的及生物的放大过程才能显示所致组织器官的可见损伤，因此时间较久，甚至延迟若干年才表现出来。

2. 放射性物质对人体的危害

（1）直接损伤 放射性物质直接使机体物质的原子或分子电离，破坏机体内某些大分子如DNA、RNA、蛋白质分子及一些重要的酶。

（2）间接损伤 各种放射线首先将体内广泛存在的水分子电离，生成活性很强的 H^+、OH^- 和分子产物等，继而通过它们与机体的有机成分作用，产生与直接损伤作用相同的结果。

（3）远期效应 主要包括辐射致癌、白血病、白内障、寿命缩短等方面的损害，以及遗传效应等。

实训任务 番茄中放射性物质铯-137的测定（γ能谱测定法）

一、任务目标

掌握番茄中放射性物质铯-137（^{137}Cs）的γ能谱测定法，包括样品的采集、处理及测定，以及试验结果的计算和分析。

二、任务实施

1. 材料用具

1）番茄。

2）低本底γ能谱仪系统。低本底γ能谱仪系统应满足如下要求：

①探测器：同轴高纯锗或锗（锂）探测器。对钴-60（^{60}Co）1332.5keV γ射线全能峰的能量分辨率小于3keV，相对效率高于15%。

②屏蔽体：主屏蔽体为等效铅当量不小于10cm，内衬原子序数由外而内逐渐递减的多层材料重金属屏蔽体。有条件时可采用反符合屏蔽。屏蔽体应使γ能谱仪积分本底应小于2.5计数/s（50~2500keV）。

③多道分析器：1024 道以上。对于高纯锗 γ 能谱仪其道数应不少于 8192 道。

3）压样模具（油压机或手工压样器）。

4）加盖样品盒（$\phi 75mm \times h 35mm$、$\phi 75mm \times h 50mm$ 或 $\phi 75mm \times h 75mm$ 圆柱形塑料样品盒）。

5）能量刻度用 γ 放射源。能量刻度用 γ 放射源应满足如下要求：

①可采用一个发射多种已知能量 γ 射线的单核素或多核素放射源 [如钴 –60（^{60}Co）、铕 –152（^{152}Eu）、铕 –154（^{154}Eu）、镭 –226（^{226}Ra）及其放射性子体、钍 –232（^{232}Th）及其放射性子体等]，也可采用多个发射单种 γ 射线的放射源，其主要 γ 射线能量应大致均匀地分布在 50~3000keV 范围内。

②用于能量刻度的刻度源，其外表面应无放射性污染，其活度应保证特征峰的每秒计数率达到 100。

6）^{137}Cs 标准放射源。用已知活度的 ^{137}Cs 标准溶液制成的 ^{137}Cs 标准源（注意一定要使标准溶液的液面达到样品盒的刻度线）。

7）^{137}Cs 放射性标准溶液。比活度为 1000Bq/mL 左右，经国家法定计量部门标定，并有法定认可单位签署的检验证书。

2. 方法步骤

（1）能量刻度　以能量刻度用 γ 放射源对低本底 γ 能谱仪系统进行能量刻度。记录刻度源的特征 γ 射线能量和相应全能峰峰位道址，可通过计算机处理或直角坐标纸上作图或对数据作最小二乘法拟合得到能量和道址的关系图。

（2）全能峰探测效率刻度　测量 ^{137}Cs 标准放射源，为减少系统误差，所测全能峰净面积至少应大于 100000 计数，按下式计算其在 661.6keV γ 射线全能峰的探测效率。

$$E = \frac{N}{A' \times T' \times B}$$

式中　E——^{137}Cs 标准放射源在 661.6keV γ 射线全能峰的探测效率；

　　　N——661.6keV γ 射线全能峰净面积，单位为计数；

　　　A'——^{137}Cs 标准放射源的活度，单位为 Bq；

　　　T'——^{137}Cs 标准放射源的测量时间，单位为 s；

　　　B——^{137}Cs661.6keV γ 射线的分支比，84.62%。

（3）采样　检验样品需要量可参照所用检验方法要求样品量或样品灰用量和番茄的灰鲜比确定。

采样量不应少于检验样品需要量的 3 倍，样品混合均匀后一式三份，一份供检验用，其余两份供复检、备查或仲裁用。

采集方法和工具不能对待测样品造成污染和使被测核素损失。样品采集后，应采用适当的方法保存，避免降解、变质、分解或污染；对挥发性放射性核素，应避免核素丢失。

采样人员的辐射防护和个人防护应遵循 GB 18871—2002《电离辐射防护与辐射源安全基本标准》和 GBZ 128—2019《职业性外照射个人监测规范》的要求，并应防止工作场所和样品之间的交叉污染。

样品应妥善包装，明显标志后运送至实验室。短半衰期核素检验项目应尽快预处理和分析测定。

（4）试样制备　取 3kg 左右样品，除去不可食部分，洗净，擦去或晾干表面水珠。切碎后称鲜重。铺放在搪瓷盘或不锈钢盘中在烘箱中 70℃左右烘至近干而发软，称量，求出干鲜比。取一定量干样，用压样模具压缩成形，使样品高度与 ^{137}Cs 标准放射源高度相同。将压好的样品迅速放入内外已清洗洁净的样品盒；上面加盖、密封。记录干样质量、高度，计算表观密度。

（5）试样测量　将装有待测样品的样品盒放置在探测器端帽上或支架上（样品底面距探测器端帽应小于 0.5cm），测量位置应与全能峰探测效率刻度时相同。测量试样在 661.6keV 全能峰区域净面积（大于 10000 计数），记录样品的全能峰净面积和测量时间。

（6）结果计算　食品中 ^{137}Cs 放射性活度浓度按下式计算：

$$A = \frac{N}{T \times E(1+F)B \times W \times e^{-\lambda \times t}}$$

式中　A——食品中 ^{137}Cs 放射性活度浓度，单位为 Bq/kg（或 Bq/L）；

　　　N——测量样品的 ^{137}Cs 全能峰净面积，单位为计数；

　　　T——样品测量时间，单位为 s；

　　　E——^{137}Cs 标准放射源在 661.6keV γ 射线全能峰的探测效率；

　　　F——测量效率总校正因子（%），更精确的计算方法可参见 GB/T 16145—2022《环境及生物样品中放射性核素的 γ 能谱分析方法》；

　　　B——^{137}Cs661.6keV γ 射线的分支比，为 84.62%；

　　　W——测量样品相当的鲜样量，单位为 kg（或 L）；

　　　e——自然对数的底数，为 2.71828；

　　　λ——^{137}Cs 的衰变常数，单位为 a^{-1}，$\lambda=0.693/T_0$，T_0 为 ^{137}Cs 的半衰期，30a；

　　　t——采样到测量后的时间间隔，单位为 a（年）。

（7）数据记录　记录测定数据，填写数据记录（表 11-1）。

表 11-1　番茄中放射性物质铯 -137 的测定数据记录

样品名称		样品编号		样品质量 /g	
检测地点		检测项目		检测依据	
仪器型号名称			检测日期		
计算公式					

（续）

计算结果	重复次数	1	2	3	4	……
	测量样品的 ^{137}Cs 全能峰净面积 N					
	样品测量时间 T'/s					
	^{137}Cs 标准放射源在 661.6keV γ 射线全能峰的探测效率 E					
	测量效率总校正因子 F（%）					
	^{137}Cs661.6keV γ 射线的分支比 B					
	测量样品相当的鲜样量 W/（kg 或 L）					
	^{137}Cs 的衰变常数 λ/a^{-1}					
	采样到测量后的时间间隔 t/a					
	食品中 ^{137}Cs 放射性活度浓度 A/（Bq/kg 或 Bq/L）					
	A 的平均值					

检验人：　　　　　　　校核人：

任务评价

任务考核评价单

项目			班级		
工作任务			姓名		学号
序号	任务及技术要求	评分标准	学生自评 10%	小组评价 10%	教师评价 60%	企业评价 20%
---	---	---	---	---	---	---
1	能量刻度及全能峰探测效率刻度 20 分	正确使用仪器测定能量刻度和全能峰探测效率刻度				
2	采样 20 分	能按照采样过程进行合理采样，无污染，无破损				
3	试样制备 20 分	能正确对试样进行制备，记录数据				
4	试样测量 20 分	正确使用仪器对试样进行测定				

（续）

序号	任务及技术要求	评分标准	学生自评 10%	小组评价 10%	教师评价 60%	企业评价 20%
5	结果计算 20分	原始数据记录准确、完整、清晰；使用正确的计算公式，结果保留适当的有效数字；测定结果的精密度符合试验要求				
得分：						
教师签字：					年 月	

课后习题

1．简述放射性污染的来源及分布。

2．简述放射性污染对人体的危害。

3．放射性污染的处理方法有哪些？

项目十二
转基因产品的快速分析检测

项目导学
- 用遗传工程的方法将一种生物的基因转入另一种生物体内，从而使接受外来基因的生物获得它本身所不具有的新特性，这种获得外源基因的生物称为转基因生物（Genetically modified organism，GMO），用其生产的各种产品称为转基因产品。含有转基因生物成分或者利用转基因植物、动物或微生物生产加工的食品称为转基因食品。

项目目标
- 知识学习目标：了解转基因产品的安全性及几种分析技术，掌握免疫学分析技术的原理和分析方法，掌握PCR技术的原理及检验方法，了解基因芯片的原理，掌握定量PCR分析方法。
- 技能培养目标：能掌握转基因产品分析技术，能理解转基因产品的ELISA快速检测方法，能掌握PCR技术的程序，能掌握基因芯片的制备方法。
- 职业情感目标：培养对转基因产品安全性问题的敏感性和警觉性，关注转基因产品对人体健康和环境可能产生的影响。

相关知识

一、转基因产品的安全性

转基因产品特别是转基因食品的安全性主要包括食品安全性和环境安全性两个方面。转基因食品在人体内是否会导致发生基因突变而有害人体健康，是人们对转基因食品安全性产生怀疑的主要原因，主要涉及以下几个方面。一是转基因食品的直接影响，包括营养成分、毒性或增加食物过敏物质的可能性。二是转基因食品的间接影响。例如，遗传工程修饰的基因片段导入后，引发基因突变或改变代谢途径，致使最终产物可能含有新的成分或改变现有成分的含量所造成的间接影响。三是植物中导入了具有抗除草剂或毒杀病虫功能的基因后，是否会像其他有害物质那样能通过食物链进入人体。四是转基因食品经由胃肠道吸收将基因转移至肠道微生物中，对人体健康造成影响。

环境安全性问题主要是指转基因植物释放到田间后，是否会将基因转移到野生植物中，是否会破坏自然生态环境，打破原有生物种群的动态平衡。例如，转基因生物对农业和生态环境的影响；产生超级杂草的可能；种植抗虫转基因植物后，可能使害虫产生免疫并遗传，从而产生更加难以消灭的"超级害虫"；转基因向非目标生物转移的可能性；生物吃了转基因食品后是否会产生畸变或灭绝；转基因生物是否会破坏生物的多样性。这些担忧来源于转基因技术的不成熟及其产品品质安全的不确定性，还来源于转基因技术对人类社会、经济影响的不可预见性，需要大量的实践和较长时间来证明。转基因产品特别是转基因食品安全评价，应作为转基因安全检测的核心内容。

二、转基因产品分析技术

根据检测目标，转基因产品的检测技术主要分为三种类型：一是检测转基因产品插入的外源基因，主要通过 PCR 技术和核酸探针的杂交检测技术准确、快速地检测外来基因；二是检测外源基因的表达产物，主要采用化学分析、凝胶电泳和酶联免疫方法；三是检测插入外源基因对载体基因表达的影响。目前食品中 GMO 成分的检测方法主要是前两种类型。检测工作中所涉及的检测目标包括三种：DNA、RNA 和蛋白质。蛋白质的检测主要用血清学方法，DNA 和 RNA 的检测主要用 PCR 及核酸杂交的方法。通过检测蛋白质和核酸，可确认转基因产品的种类和成分含量。根据检验技术依据的原理，可大致分下几种。

1. 依赖于 GMO 中 DNA 成分的 PCR 技术

基于 DNA 生物合成的分子生物学原理而发明的 PCR 技术是目前转基因食品检测的主要方法。利用与外源基因序列互补的特定引物对转基因食品中的外源 DNA 序列进行 PCR 扩增后分析，可以对转基因食品进行定性鉴别，也可进行转基因成分定量分析。PCR 简便、快速，几小时内可使某特异 DNA 片段扩增数万倍，所需的 DNA 模板量仅为 10ng 以内，且使用粗提的 DNA 就可获得良好的扩增效果。这一技术的出现为外源基因的检测提供了便利条件，尤其是在转化材料少又需要及早检测的情况下。但是，由于 PCR 扩增的高度灵敏性，有时会出现假阳性扩增，因此，常常将 PCR 与其他技术相结合，常用的 PCR 种类有：普通 PCR、槽式 PCR、多引物 PCR、定量 PCR 和聚合酶链反应 – 酶联免疫吸附分析（PCR-ELISA）等。

2. 免疫学方法

免疫学方法主要是利用抗体可以特异地与抗原分子（GMO 蛋白质成分）结合，通过抗原 – 抗体的特异性识别反应进行检测，是一种特异、简便的检测程序。目前，人们发明了检测抗体与其目标抗原结合的许多方法，酶联免疫吸附法就是其中之一，关联免疫测定的过程中，抗体上通常还连接有一种酶，如碱性磷酸酶、过氧化物酶等。如果样品中带有目标分子，抗体上连带的酶就能催化一种化学反应将无色的底物转变成有色物质，通过颜色的变化能判断出被测样品中是否含有目标分子。

3. 核酸杂交技术

核酸杂交技术的基本原理是两条 DNA 链之间可通过碱基配对形成氢键，通常该技术检测过程主要包括以下步骤：将单链的目的 DNA 结合到膜上，然后加入单链、标记过的探针 DNA，在一定的条件下使探针分子与目标 DNA 分子碱基配对，洗去未结合的标记探针，再检测探针和目标 DNA 形成的杂合分子。由此可知，核酸杂交技术有 3 个关键因素：探针 DNA、目的 DNA 和信号检测。把握好这 3 个因素，核酸杂交技术可以达到高特异性和高灵敏度的水平。

4. 生物芯片技术

转基因产品检测中常用的 ELISA 和 PCR 技术最大的缺点是检测范围窄，效率低，无法高通量大规模的同时检测多种样品，尤其当转基因背景一无所知时，对各种待检基因序列或蛋白质逐一筛查几乎是不可能的。目前正在研究的转基因产品涉及的基因数量有上万种，今后都有可能进入商品化生产。因此，对转基因产品的检测，需要有更有效、快速，特别是高通量的检测方法，生物芯片技术能较好地解决这一问题。生物芯片根据所载探针种类分为基因芯片和蛋白质芯片两大类：基因芯片以 DNA 为探针，依据核酸杂交的原理检测样品中的特定基因序列；蛋白质芯片以蛋白质为探针，依据抗原抗体反应的免疫学原理检测样品中的特定蛋白质。

实训任务　转基因产品的检测（实时荧光 PCR 法）

GB/T 19495.4—2018《转基因产品检测　实时荧光定性聚合酶链式反应（PCR）检测方法》规定了植物及其加工产品中转基因成分筛选和品系检测实时荧光 PCR 定性检测方法有关的仪器设备、试剂和材料、检测步骤、质量控制、防污染措施，以及方法的最低检出限等内容。

具体方法为提取样品 DNA 后，通过实时荧光 PCR 定量技术对样品 DNA 进行筛选检测，根据实时荧光 PCR 扩增结果，判断该样品中是否含有转基因成分。对外源基因检测结果为阳性的样品，或已知为转基因阳性的样品，如需进一步进行品系鉴定，则对品系特异性片段进行实时荧光 PCR 检测，根据结果判定该样品中含有哪种（些）转基因品系成分。

一、任务目标

掌握实时荧光 PCR 定性检测转基因产品的方法，并进行数据记录和结果表述。

二、任务实施

1. 材料用具

1）实时荧光 PCR 仪、样品粉碎仪或研磨机、天平（感量为 0.01g）、水浴锅或恒温孵育器、冷冻离心机、高压灭菌锅、涡旋振荡器、生物安全柜、pH 计、核酸蛋白分析仪或紫外分光光度计、微量移液器（2μL、10μL、100μL、200μL、1000μL）。

2）试剂。除特别说明外，所有试剂均为分析纯或生化试剂，水为 GB/T 6682—2008《分析实验室用水规格和试验方法》规定的一级水。

①实时荧光 PCR 预混液：为 Taq DNA 聚合酶（5 U/μL）、PCR 缓冲液、$MgCl_2$（3~7mmol/L）、脱氧核苷三磷酸（dNTPs）[含脱氧腺苷三磷酸（dATP）、脱氧尿苷三磷酸（dUTP）、脱氧胞苷三磷酸（dCTP）、脱氧鸟苷三磷酸（dGTP）]、尿嘧啶 –N– 糖基化酶（UNG）酶等混合配制的溶液。

②ROX（一种荧光染料）：荧光校正试剂（50×，使用时稀释至 1×）。

③筛选检测引物探针：筛选检测基因的引物和探针参照附录 A 中的序列合成，加超纯水配制成 100μmol/L 储备液，实时荧光 PCR 扩增的引物和探针工作液浓度为 10μmol/L。

④品系特异性检测引物探针：根据需要检测的转基因植物品系，参照附录 B 中的序列合成引物和探针，加超纯水配制成 100μmol/L 储备液，实时荧光 PCR 扩增的引物和探针工作液浓度为 10μmol/L。

2. 方法步骤

（1）取样和制样　按照 GB/T 19495.7—2004《转基因产品检测　抽样和制样方法》中规定的方法执行。

（2）样品 DNA 的提取与纯化　按照 GB/T 19495.3—2004《转基因产品检测　核酸提取纯化方法》中规定的方法或采用具有相同效果的植物基因组 DNA 提取试剂盒进行 DNA 提取。每个样品应制备 3 个测试样品提取 DNA（提取平行重复）。

（3）DNA 浓度测定和定量　按照 GB/T 19495.3—2004《转基因产品检测　核酸提取纯化方法》中规定的方法执行。

（4）实时荧光 PCR 检测

1）转基因成分筛选检测基因的选择。对于未知是否为转基因产品的样品，按照表 12–1 选用筛选基因进行检测。

表 12–1　转基因筛选检测基因选用

物种	选用基因
大豆及其加工品	内源基因，pCaMV 35S, pFMV 35S, tNOS, BAR, PAT, GOX, CP4–EPSPS, CTP2–CP4– EPSPS, tE9
玉米及其加工品	内源基因，pCaMV 35S, pFMV 35S, tNOS, NPTⅡ, BAR, PAT, GOX, CP4–EPSPS, CTP2–CP4–EPSPS, Cry3A, tCaMV 35S, PMⅠ, CryⅠA(b), CryⅠA(c), pRice–Eactin
油菜及其加工品	内源基因，pCaMV 35S, pFMV 35S, tNOS, NPTⅡ, BAR, PAT, GOX, CP4–EPSPS, CTP2–CP4– EPSPS, pNOS, pSSuAra, pTA29, tCaMV 35S, tE9, tOCS, tg7
水稻及其加工品	内源基因，pCaMV 35S, tNOS, BAR, CryⅠA(b), CryⅠA(c)

（续）

物种	选用基因
棉花及其加工品	内源基因，pCaMV 35S，pFMV 35S，tNOS，NPTⅡ，BAR，PAT，CP4-EPSPS，pUbi，tE9，CryⅠA(b)，CryⅠA(c)
马铃薯及其加工品	内源基因，pCaMV 35S，pFMV 35S，tNOS，NPTⅡ，CP4-EPSPS，Cry3A，pNOS
亚麻及其加工品	内源基因，pCaMV 35S，pFMV 35S，tNOS，NPTⅡ
甜菜及其加工品	内源基因，pCaMV 35S，pFMV 35S，tNOS，NPTⅡ，PAT，CP4-EPSPS，CTP2-CP4-EPSPS
苜蓿及其加工品	内源基因，pFMV 35S，CTP2-CP4-EPSPS，tE9
番茄	pCaMV 35S，pFMV 35S，tNOS，NPTⅡ，CRYⅠA(c)
苹果	pCaMV 35S，pFMV 35S，tNOS，NPTⅡ
菊苣	pCaMV 35S，pFMV 35S，tNOS，BAR，NPTⅡ
剪股颖	pCaMV 35S，pFMV 35S，tNOS，CP4-EPSPS
烟草	pCaMV 35S，pFMV 35S，tNOS，NPTⅡ
李	pCaMV 35S，pFMV 35S，tNOS，NPTⅡ
甜瓜	pCaMV 35S，pFMV 35S，tNOS，NPTⅡ
木瓜	pCaMV 35S，pFMV 35S，tNOS，NPTⅡ
小麦	pCaMV 35S，pFMV 35S，tNOS，CP4-EPSPS
茄子	pCaMV 35S，pFMV 35S，tNOS，NPTⅡ，CryⅠA(c)
桉树	pCaMV 35S，pFMV 35S，tNOS，NPTⅡ

2）实时荧光PCR反应体系。实时荧光PCR反应体系见表12-2，每个样品设置2个平行重复。

表12-2 实时荧光PCR反应体系

名称	储液浓度	终浓度
10×PCR缓冲液	10×	1×
$MgCl_2$	25mmol/L	2.5mmol/L
dNTP（含dUTP）	2.5mmol/L	0.2mmol/L
UNG酶	5U/μL	0.075U/μL

（续）

名称	储液浓度	终浓度
上游引物	10 μmol/L	见附录 A 和附录 B
下游引物	10μmol/L	见附录 A 和附录 B
探针	10μmol/L	见附录 A 和附录 B
Taq 酶	5U/μL	0.05U/μL
DNA 模板	—	50~250ng
超纯水	—	补足至 25μL

注：
1. 可选用含有 PCR 缓冲液、$MgCl_2$、dNTP 和 *Taq* 酶等成分的基于 Taqman 探针的实时荧光 PCR 预混液进行实时荧光 PCR 扩增。
2. ROX 仅在具有 ROX 校正通道的实时荧光 PCR 仪上进行扩增时添加，否则用超纯水补足。
3. 反应体系中各试剂的量可根据具体情况或不同的反应总体积进行适当调整。

3）实时荧光 PCR 反应程序。实时荧光 PCR 反应参数为 50℃/2min；95℃/10min；95℃/15s，60℃/60s，40 个循环。

注意，95℃/10min 的适用于化学变构的热启动 *Taq* 酶。以上参数可根据不同型号实时荧光 PCR 仪和所选 PCR 扩增试剂体系不同做调整。

4）仪器检测通道的选择。将 PCR 反应管或反应板放入实时荧光 PCR 仪后，设置 PCR 反应荧光信号收集条件，应与探针标记的报告基团一致。具体设置方法可参照仪器使用说明书。

5）试验对照的设立。试验设置如下对照：

①阳性对照，为目标转基因植物品系基因组 DNA，或含有上述片段的质粒标准分子 DNA。

②阴性对照，相应的非转基因植物样品 DNA。

③空白对照，设 2 个，一是提取 DNA 时设置的提取空白对照（以双蒸水代替样品），二是 PCR 反应的空白对照（以双蒸水代替 DNA 模板）。

（5）测定结果

1）质量控制。下述指标有一项不符合者，需重新进行实时荧光 PCR 扩增。

①空白对照：内源基因检测 C_t 值（每个反应管内的荧光信号达到设定的阈值时所经历的循环数）大于或等于 40，外源基因或品系特异性检测 C_t 值大于或等于 40；

②阴性对照：内源基因检测 C_t 值小于或等于 30，转化事件特异性检测 C_t 值大于或等于 40；

③阳性对照：内源基因检测 C_t 值小于或等于 30，转化事件特异性检测 C_t 值小于或等于 35。

2）结果判定。

测试样品外源基因检测 C_t 值大于或等于 40，内源基因检测 C_t 值小于或等于 30，则可判定该样品不含所检基因或品系。

测试样品外源基因检测 C_t 值小于或等于 35，内源基因检测 C_t 值小于或等于 30，判定该样品含有所检基因或品系。

测试样品外源基因检测 C_t 值为 35~40，应调整模板浓度，重做实时荧光 PCR。再次扩增后的外源基因检测 C_t 值仍为 35~40，则可判定为该样品含有所检基因或品系。再次扩增后的外源基因检测 C_t 值大于或等于 40，则可判定为该样品不含所检基因或品系。

3）结果表述。

结果为阳性的，表述为"检出×××外源基因"或"检出×××转基因品系"。

结果为阴性的，表述为"未检出×××外源基因"或"未检出×××转基因品系"。

对于核酸无法有效提取的样品，检测结果为"未检出核酸成分"。

（6）防污染措施　检测过程中防止交叉污染的措施按照 GB/T 27403—2008《实验室质量控制规范　食品分子生物学检测》和 GB/T 19495.2—2004《转基因产品检测　实验室技术要求》中的规定执行。

（7）最低检出限　各基因片段的实时荧光 PCR 扩增的最低检出限（LOD）为 0.01%。

（8）数据记录　记录检测结果（表 12-3）。

表 12-3　转基因产品检测数据记录

样品名称							
样品名称		样品编号			样品质量/g		
检测地点		检测项目			检测依据		
仪器型号名称			检测日期				
结果记录	重复次数	1	2	3	4	……	
	样品外源基因检测 C_t 值						
	内源基因检测 C_t 值						
结果表述	结果为阳性的，表述为"检出×××外源基因"或"检出×××转基因品系" 结果为阴性的，表述为"未检出×××外源基因"或"未检出×××转基因品系" 对于核酸无法有效提取的样品，检测结果为"未检出核酸成分"						
检验人：		校核人：					

任务评价

任务考核评价单

项目			班级			
工作任务			姓名		学号	
序号	任务及技术要求	评分标准	学生自评 10%	小组评价 10%	教师评价 60%	企业评价 20%
1	取样和制样 15分	参照标准正确操作取样及制样方法，避免污染				
2	样品DNA的提取与纯化 15分	能按照操作步骤进行DNA的提取与纯化				
3	DNA浓度测定和定量 20分	能按照标准方法对DNA样品浓度进行测定和定量并进行数据记录				
4	实时荧光PCR检测 20分	正确使用仪器对样品进行测定，并记录数据				
5	结果判定 20分	原始数据记录准确、完整、清晰；使用正确的结果判断标准；测定结果的精密度符合试验要求				
6	结果表述 10	能对试验判定结果进行正确表述				
得分：						
教师签字：					年	月

课后习题

一、填空题

转基因食品的安全性主要包括_____和_____两个方面。

二、简答题

1. 简述基因芯片的原理。
2. 转基因产品分析技术有哪些？
3. 简述ELISA快速检测方法的原理。
4. 简述PCR技术的原理及程序。
5. 简述核酸杂交技术的原理。

附 录

附录 A 转基因成分筛选检测实时荧光 PCR 引物和探针

序号	基因/品系名称		引物/探针序列 (5'-3')	终浓度/(nmol/L)	产物大小/bp	适用范围
1	18S rDNA	F	cctgagaaacggctacca	400	65	植物内源基因
		R	cgtgtcaggattgggtaat	400		
		P	FAM–tgcgcgcctgctgccttcct–BHQ1	200		
2	HMGI/Y	F	ggtcgtcctcctaaggcgaaag	400	99	油菜内源基因
		R	cttcttcggcggtcgtccac	400		
		P	FAM–cggagccactcggtgccgcaactt–BHQ1	200		
3	CruA	F	ggccagggtttccgtgat	200	101	
		R	ccgtcgttgtagaaccattgg	200		
		P	FAM–agtccttatgtgctccacttctggtgca–BHQ1	200		
4	adhl	F	cgtcgtttcccatctcttcctcc	300	135	玉米内源基因
		R	ccactccgagaccctcagtc	300		
		P	FAM–aatcagggctcattttctcgctcctca–BHQ1	200		
5	zSS Ⅱ b	F	ctcccaatcctttgacatctgc	500	151	
		R	tcgatttctctcttggtgacagg	500		
		P	FAM–agcaaagtcagagcgctgcaatgca–TAMRA	200		
6	Lectin	F	cctcctcgggaaagttacaa	150	74	大豆内源基因
		R	gggcatagaaggtgaagtt	150		
		P	FAM–ccctcgtctcttggtcgcgccctct–BHQ1	50		
7	Lectin-KVM	F	cacctttctcgcaccaattgaca	200	104	
		R	tcaaactcaacagcgacgac	200		
		P	FAM–ccacaaaacacatgcaggttatcttgg–BHQ1	200		

（续）

序号	基因/品系名称		引物/探针序列 (5'-3')	终浓度/(nmol/L)	产物大小/bp	适用范围
8	LAT52	F	agaccacgagaacgatatttgc	400	92	番茄内源基因
		R	ttcttgccttttcatatccagaca	400		
		P	FAM-ctetttgcagtcctcccttgggct-BHQ1	200		
9	SPS	F	cacctttctcgcaccaattgaca	200	104	水稻内源基因
		R	tcaaactcaacagcgacgac	200		
		P	FAM-tccgagccgtccgtgcgtc-BHQ1	200		
10	PLD	F	tggtgagcgttttgcagtct	200	64	水稻内源基因
		R	ctgatccactagcaggaggtcc	200		
		P	FAM-tgttgtgctgccaatgtggcctg-BHQ1	200		
11	GOS	F	tggtgagcgttttgcagtct	200	67	
		R	ctgatccactagcaggaggtcc	200		
		P	FAM-tgttgtgctgccaatgtggcctg-BHQ1	200		
12	UGPase	F	ggacatgtgaagagacggagc	400	88	马铃薯内源基因
		R	cctacctctaccccctccgc	400		
		P	FAM-ctaccaccattacctcgcacctcctca-BHQ1	200		
13	SAH7	F	agtttgtaggttttgatgttacattgag	350	115	棉花内源基因
		R	gcatctttgaaccgcctactg	250		
		P	FAM-aaacataaaataatgggaacaaccatgacatgt-BHQ1	175		
14	GLuA3	F	gacctccatattactgaaaggaag	150	121	甜菜内源基因
		R	gagtaattgctccatcctgttca	150		
		P	FAM-ctacgaagtttaaagtatgtgccgctc-BHQ1	100		
15	GAG56	F	caacaattttctcagccccaaca	200	121	小麦属内源基因
		R	tcttgcatgggttcacctgtt	200		
		P	FAM-ttcccgcagccccaacaaccgc-BHQ1	200		
16	Wx012	F	gtcgcgggaacagaggtgt	500	102	小麦种内源基因
		R	ggtgttcctccattgcgaaa	500		
		P	FAM-caaggcggccgaaataagttgcc-BHQ1	200		
17	Alfalfa-Acc	F	gatcagtgaacttcgcaaagtac	400	90	苜蓿内源基因
		R	caacgacgtgaacactacaac	400		
		P	FAM-tgaatgctcctgtgatctgcccatgc-TAMRA	200		

（续）

序号	基因/品系名称		引物/探针序列 (5'-3')	终浓度/(nmol/L)	产物大小/bp	适用范围
18	CHY	F	ccatgcggatcctccca	500	74	木瓜内源基因
		R	catcgtagccattgtaacactagctaa	500		
		P	FAM-ttcccttcatccattcccactcttgaga-BHQ1	200		
19	pCaMV 35S	F	gcctctgccgacagtggt	100	82	转基因大豆、玉米、油菜、棉花、水稻、番茄、马铃薯、番木瓜等外源筛选基因
		R	aagacgtggttggaacgtcttc	100		
		P	FAM-caaagatggacccccacccacg-BHQ1	100		
20	pFMV 35S	F	cgaagacttaaagttagtgggcatct	400	79	转基因大豆、油菜、马铃薯、番茄、玉米、棉花和苜蓿等筛选检测
		R	ttttgtctggtccccacaa	400		
		P	FAM-tgaaagtaatcttgtcaacatcgagcagctgg-BHQ1	200		
21	tNOS	F	atcgttcaaacatttggca	400	165	转基因大豆、玉米、水稻、油菜、棉花、小麦、番茄、马铃薯、番木瓜等筛选检测
		R	attgcgggactctaatcata	400		
		P	FAM-catcgcaagaccggcaacagg-BHQ1	200		
22	NPT Ⅱ	F	aggatctcgtcgtgacccat	400	183	转基因油菜、棉花、玉米、甜菜、番茄、马铃薯、番木瓜等筛选检测
		R	gcacgaggaagcggtca	400		
		P	FAM-cacccagccggccacagtcgat-BHQ1	200		
23	BAR	F	acaagcacggtcaacttcc	400	175	转基因油菜、玉米、小麦、棉花、水稻、大豆等筛选检测
		R	actcggccgtccagtcgta	400		
		P	FAM-ccgagccgcaggaaccgcaggag-BHQ1	200		
24	PAT	F	gtcgacatgtctccggagag	400	191	转基因油菜、玉米、棉花、大豆、甜菜等筛选检测
		R	gcaaccaaccaagggtatc	400		
		P	FAM-tggccgcggttttgtgatatcgttaa-BHQ1	200		

（续）

序号	基因/品系名称		引物/探针序列(5'-3')	终浓度/(nmol/L)	产物大小/bp	适用范围
25	GOX	F	gtcttcgtgttgctggaaccgtt	400	121	转基因油菜、玉米、甜菜等筛选检测
		R	gaactggcaggagcgagagct	400		
		P	FAM-tgctcacgttctcacactcgcgctcg-BHQ1	200		
26	CP4-EPSPS	F	gcaaatcctctggcctttcc	100	146	转基因油菜、大豆、玉米、棉花、马铃薯、甜菜、小麦等筛选检测
		R	cttgcccgtattgatgacgtc	100		
		P	FAM-tcatgttcggcggtctcgcg-BHQ1	200		
27	Cry3A	F	Tccggttacgaggttctt	400	86	转基因玉米、马铃薯等筛选检测
		R	ccatagatttgagcgtcctta	400		
		P	FAM-acctatgctcaagctgccaacaccc-BHQ1	200		
28	pNOS	F	gtgaccttaggcgacttttgaac	340	79	转基因油菜、马铃薯
		R	cgcgggtttctggagtttaa	340		
		P	FAM-cgcaataatggttctgacgtatgtgcttagc-BHQ1	400		
29	pSSuAra	F	ggcctaaggagaggtgtggaga	340	95	转基因油菜、对拟南芥是内源基因
		R	ctcatagataacgataagattcatggaatt	340		
		P	FAM-ccttatcggcttgaaccgctggaataa-BHQ1	400		
30	pTA29	F	gaagctgtgctagagaagatgtttattc	340	117	转基因油菜、对烟草是内源基因
		R	gctcgaagtatgcacatttagcaa	340		
		P	FAM-agtccagccacccaccttatgcaagtc-BHQ1	400		
31	pUbi	F	gagtagataatgccagcctgttaaac	340	76	转基因棉花、对玉米是内源基因
		R	acgcgacgctgctggtt	340		
		P	FAM-cgtcgacgagtctaacggacaccaac-BHQ1	400		
32	tCaMV 35S	F	ggggtttcttatatgctcaacacatg	340	118	转基因玉米、油菜
		R	tcaccagtctctctctacaaatctatcac	340		
		P	FAM-aaactataagaaccctaattcccttatctggga-BHQ1	400		
33	tE9	F	tgagaatgaacaaaaggaccatatca	200	87	转基因玉米、大豆、油菜、棉花、对豌豆是内源基因
		R	tttttattcggttttcgctatcg	200		
		P	FAM-tcattaactcttctccatccatttccatttcacagt-BHQ1	200		

（续）

序号	基因/品系名称		引物/探针序列 (5'-3')	终浓度/(nmol/L)	产物大小/bp	适用范围
34	tOCS	F	cggtcaaacctaaaagactgattaca	340	85	转基因油菜
		R	cgctcggtgtcgtagatact	340		
		P	FAM-tcttattcaaatttcaaaagtgccccaggg-BHQ1	400		
35	tg7	F	atgcaagtttaaattcagaaatatttcaa	340	97	转基因油菜
		R	atgtattacacataatatcgcactcagtct	340		
		P	FAM-actgattatatcagctggtacattgccgtagatga-BHQ1	400		
36	PMI	F	Ccgggtgaatcagcgttt	200	59	转基因玉米
		R	Gccgtggcctttgacagt	200		
		P	FAM-tgccgccaacgaatcaccgg-BHQ1	200		
37	Cry I A(b)	F	cgcgactggatcaggtaca	400	75	转基因大米、玉米、棉花等外源筛选基因
		R	tggggaacaggctcacgat	400		
		P	FAM-ccgccgcgagctgaccctgaccgtg-BHQ1	200		
38	Cry I A(c)	F	cggaaatgcgtattcaattcaac	400	71	任选其一，转基因水稻、玉米、棉花
		R	ttctggactgcgaacaatgg	400		
		P	FAM-acatgaacagcgccttgaccacagc-BHQ1	200		
39	Cry I A(c)	F	gaccctcacagttttggacattg	400	93	
		R	attttctctggtaagttgggacact	400		
		P	FAM-tcccgaactatgactccagaacctaccctatcc-BHQ1	200		
40	pRice-Eactin	F	tcgaggtcattcatatgcttgag	340	95	转基因玉米、对大米是内源基因
		R	tttttaactgatgttttcacttttgacc	340		
		P	FAM-agagagtcgggatagtccaaaataaaacaaggta-BHQ1	400		
41	CTP2-CP4-EPSPS	F	gggatgacgttaattggctctg	375	88	转基因大豆、玉米、棉花、苜蓿
		R	ggctgcttgcaccgtgaag	375		
		P	FAM-cacgccgtggaaacagaagacatgacc-BHQ1	150		

附录 B 转基因植物品系特异性实时荧光 PCR 检测引物和探针

作物	品系名称		引物/探针序列 (5'-3')	终浓度/(nmol/L)	产物大小/bp
大豆	GTS40-3-2	F	ttcattcaaaataagatcatacatacaggtt	150	84
		R	ggcatttgtaggagccacctt	150	
		P	FAM-ccttttccatttggg-MGBNFQ	50	
	MON89788	F	tcccgctctagcgcttcaat	150	139
		R	tcgagcaggacctgcagaa	150	
		P	FAM-ctgaaggcgggaaacgacaatctg-TAMRA	50	
	A2704-12	F	gcaaaaaagcggttagctcct	400	64
		R	attcaggctgcgcaactgtt	400	
		P	FAM-cggtcctccgatcgcccttcc-TAMRA	200	
	A5547-127	F	gctatttggtggcatttttcca	400	75
		R	cactgcggccaacttacttct	400	
		P	FAM-ccgcaatgtcataccgtcatcgttgt-TAMRA	200	
	DP305423	F	cgtgttctcttttttggctagc	800	93
		R	gtgaccaatgaatacataacacaaacta	500	
		P	FAM-tgacacaaatgatttcatacaaaagtcgaga-TAMRA	220	
	DP356043	F	gtcgaataggctaggtttacgaaaaa	750	99
		R	tttgatattcttggagtagacgagagtgt	750	
		P	FAM-ctctagagatccgtcaacatggtggagcac-TAMRA	200	
	MON87701	F	cgtttcccgccttcagttttaaa	600	89
		R	tggtgatatgaagatacatgcttagcat	600	
		P	FAM-tcagtgtttgacacacacactaagcgtgcc-TAMRA	250	
	CV127	F	aacagaagtttccgttgagctttaagac	400	88
		R	cattcgtagctcggatcgtgtac	400	
		P	FAM-tttggggaagctgtcccatgccc-TAMRA	100	
	MON87705	F	ttcccggacatgaagccatttac	450	86
		R	acaacggtgccttggcccaaag	450	
		P	FAM-aagagactcagggtgttgttatcactgcgg-TAMRA	250	

（续）

作物	品系名称		引物/探针序列 (5'-3')	终浓度/ (nmol/L)	产物大小/ bp
大豆	MON87769	F	catactcattgctgatccatgtagatt	600	87
		R	gcaagttgctcgtgaagttttg	600	
		P	FAM-cccggacatgaagccatttacaattgac-TAMRA	200	
	FG72	F	agatttgatcgggctgcagg	400	70
		R	gcacgtattgatgaccgcatta	400	
		P	FAM-aatgtggttcatccgtctt-MGBNFQ	200	
	MON87708	F	tcatactcattgctgatccatgtag	300	91
		R	agaacaaattaacgaaaagacagaacg	300	
		P	FAM-tcccggacttagctcaaaatgcatgta-TAMRA	150	
玉米	GA21	F	cgttatgctatttgcaactttagaaca	150	112
		R	gcgatcctcctcgcgtt	150	
		P	FAM-tttctcaacagcaggtgggtccgggt-TAMRA	50	
	NK603	F	atgaatgacctcgagtaagcttgttaa	150	108
		R	aagagataacaggatccactcaaacact	150	
		P	FAM-tggtaccacgcgacacacttccactc-TAMRA	50	
	Bt11	F	tgtgtggccatttatcatcga	200	68
		R	cgctcagtggaacgaaaactc	200	
		P	FAM-ttccatgaccaaaatcccttaacgtgagt-TAMRA	150	
	Bt176	F	ggccgtgaacgagctgtt	300	82
		R	gggaagaagcctacatgttttctaa	300	
		P	FAM-agcaaccagatcggccgacacc-TAMRA	200	
	MON810	F	tcgaaggacgaaggactctaacgt	300	92
		R	gccaccttccttttccactatctt	300	
		P	FAM-aacatcctttgccattgcccagc-TAMRA	180	
	MON863	F	gtaggatcggaaagcttggtac	150	70
		R	tgttacggcctaaatgctgaact	150	
		P	FAM-tgaacacccatccgaacaagtagggtca-TAMRA	50	
	T25	F	acaagcgtgtcgtgctccac	400	102
		R	gacatgatactccttccaccg	400	
		P	FAM-tcattgagtcgttccgccattgtcg-TAMRA	200	

（续）

作物	品系名称		引物/探针序列 (5'-3')	终浓度/(nmol/L)	产物大小/bp
玉米	CBH351	F	Tgttactagatcgcagatcctct	400	96
		R	ctagaaggcaattctaattgatc	400	
		P	FAM-gtcgacctgcaggcatgcaaggaattccatt-TAMRA	200	
	TC1507	F	tagtcttcggccagaatgg	300	58
		R	ctttgccaagatcaagcg	300	
		P	FAM-taactcaaggccctcactccg-TAMRA	150	
	59122	F	gggataagcaagtaaaagcgctc	250	86
		R	ccttaattctccgctcatgatcag	250	
		P	FAM-tttaaactgaaggcgggaaacgacaa-TAMRA	200	
	MIR604	F	gcgcacgcaattcaacag	600	76
		R	ggtcataacgtgactcccttaattct	300	
		P	FAM-aggcgggaaacgacaatctgatcatg-TAMRA	200	
	3272	F	tcatcagaccagattctcttttatgg	50	95
		R	cgtttcccgccttcagttta	900	
		P	FAM-actgctgacgcggccaaacactg-TAMRA	200	
	LY038	F	tgggttcagtctgcgaatgtt	150	111
		R	aggaattcgatatcaagcttatcga	150	
		P	FAM-cgagcggagtttatgggtcgacgg-TAMRA	50	
	MON89034	F	ttctccatattgaccatcatactcatt	450	77
		R	cggtatctataataccgtggttttaaa	450	
		P	FAM-atccccggaaattatgtt-MGBNFQ	100	
	MON88017	F	gagcaggacctgcagaagct	150	95
		R	tccggagttgaccatcca	150	
		P	FAM-tcccgccttcagtttaaacagagtcgggt-TAMRA	50	
	98140	F	gtgtgtatgtctctttgcttggtctt	500	80
		R	gattgtcgtttcccgccttc	500	
		P	FAM-ctctatcgatcccctctttgatagtttaaact-TAMRA	200	
	MIR162	F	gcgcggtgtcatctatgttactag	300	92
		R	tgccttatctgttgccttcaga	300	
		P	FAM-tctagacaattcagtacattaaaaacgtccgcca-TAMRA	150	

(续)

作物	品系名称		引物/探针序列 (5'-3')	终浓度/(nmol/L)	产物大小/bp
玉米	DAS40278	F	cacgaaccattgagttacaatc	350	98
		R	tggttcattgtattctggctttg	350	
		P	FAM–cgtagctaaccttcattgtattccg–TAMRA	150	
	MON87460	F	cacgttgaaggaaaatggattg	600	82
		R	tcgcgatcctcctcaaagac	600	
		P	FAM–agggagtatgtagataaattttcaaagcgttagacggc–TAMRA	250	
棉花	MON531	F	tcccattcgagtttctcacgt	150	72
		R	aaccaatgccaccccactga	150	
		P	FAM–ttgtccctccacttcttctc–TAMRA	50	
	MON1445	F	ggagtaagacgattcagatcaaacac	150	87
		R	atcgacctgcagcccaagct	150	
		P	FAM–atcagattgtcgtttcccgccttcagttt–TAMRA	50	
	MON15985	F	gttactagatcggggatatcc	150	82
		R	aaggttgctaaatggatggga	150	
		P	FAM–ccgctctagaactagtggatctgcactgaa–TAMRA	50	
	MON88913	F	ggctttggctaccttaagagagtc	500	94
		R	caaattacccattaagtagccaaattac	500	
		P	FAM–aactatcagtgtttgactacat–MGBNFQ	100	
	LLCotton25	F	cagattttgtgggattggaattc	400	79
		R	caaggaactattcaactgag	400	
		P	FAM–cttaacagtactcggccgtcgaccgc–TAMRA	200	
	GHB614	F	caaatacacttggaacgacttcgt	400	119
		R	gcaggcatgcaagcttttaaa	400	
		P	FAM–ctccatggcgatcgctacgttctagaatt–TAMRA	200	
	281–24–236	F	ctcattgctgatccatgtagatttc	350	111
		R	ggacaatgctgggctttgt	450	
		P	FAM–ttgggttaataaagtcagattagagggagacaa–TAMRA	175	
	3006–210–23	F	aaatattaacaatgcattgagtatgatg	400	90
		R	actcttctttttctccatattgacc	400	
		P	FAM–tactcattgctgatccatgtagatttcccg–TAMRA	150	

（续）

作物	品系名称		引物/探针序列 (5'-3')	终浓度/(nmol/L)	产物大小/bp
棉花	T304-40	F	agcgcgcaaactaggataaatt	400	78
		R	cctagatcttgggataacttgaaaaga	400	
		P	FAM-tcgcgcgcggtgtcatctatctc-TAMRA	200	
	GBH119	F	ccagtactaaaatccagatcatgca	400	90
		R	gaaattgcgtgactcaaattcc	400	
		P	FAM-cctgcaggtcgacggccgagtac-TAMRA	200	
水稻	TT51-1(Bt63)	F	agagactggtgatttcagcggg	400	119
		R	gcgtccagaaggaaaaggaata	400	
		P	FAM-atctgccccagcactcgtccg-TAMRA	200	
	LLRice62	F	agctggcgtaatagcgaagagg	400	88
		R	tgctaacgggtgcatcgtcta	400	
		P	FAM-cgcaccgattatttatactttagtccacct-TAMRA	200	
	LLRice601	F	tctaggatccgaagcagatcgt	400	68
		R	ggagggcgcggagtgt	400	
		P	FAM-ccacctcccaacaataaaagcgcctg-TAMRA	200	
	114-7-2	F	ccgacgcggaggaagac	400	69
		R	cgtttcccgccttcagttta	400	
		P	FAM-cggaggcggcgtcaaacactg-TAMRA	200	
	Kefeng 6	F	gcttggatcagattgtcgttt	400	154
		R	gtcagataaactgattggtctgat	400	
		P	FAM-cgacaaaagatcaggatttggg-ECLIPSE	200	
	Kefeng 8	F	atattctgaagtggcctgtt	400	171
		R	cgaccatgatgctgttctgc	400	
		P	FAM-cgttatttatgagatgggtgatctcacccatgcttg-TAMRA	200	
	KMD1	F	tccgcaatgtgttattaagttgtctaa	300	78
		R	ccgatatgcctgcccatct	900	
		P	FAM-cgtcaatttgtttacaccacaatatatcccg-TAMRA	100	
油菜	GT73(RT73)	F	ccatattgaccatcatactcattgct	150	108
		R	gcttatacgaaggcaagaaaagga	150	
		P	FAM-ttcccggacatgaagatcatcctccctt-TAMRA	50	

（续）

作物	品系名称		引物/探针序列 (5'-3')	终浓度/ (nmol/L)	产物大小/ bp
油菜	MS8	F	gttagaaaaagtaaacaattaatatagccgg	400	130
		R	ggagggtgttttggttatc	400	
		P	FAM–aatataatcgacggatccccgggaattc–TAMRA	200	
	MS1	F	acgctgcggacatctacatt	400	187
		R	ctagatcggaagctgaagatgg	400	
		P	FAM–ctcattgctgatccacctagccgactt–TAMRA	200	
	RF1	F	ctaagggaggtcaagatgtagc	400	113
		R	cgggcctaacttttggtgtg	400	
		P	FAM–ctcatcatcctcacccagtcagcatca–TAMRA	200	
	RF2	F	gggtgagacaatatatcgacg	200	104
		R	gggcatcgcaccggtgag	200	
		P	FAM–caccggccaaattcgctcttagccgt–TAMRA	200	
	RF3	F	cataaaggaagatggagacttgag	400	139
		R	agcatttagcatgtaccatcagaca	400	
		P	FAM–cgcacgcttatcgaccataagccca–TAMRA	200	
	Oxy–235	F	ctaacttttggtgtgatgatgctga	400	124
		R	cgatagatggtggtgtgagtcttg	400	
		P	FAM–agctgatggcaagttaatctccccgaagtcg–DABCYL	200	
	T45	F	caatggacacatgaattatgc	400	123
		R	gactctgtatgaactgttcgc	400	
		P	FAM–tagaggacctaacagaactcgccgt–TAMRA	200	
	Topas19/2	F	gcggttctgtcagtt	400	95
		R	cgaccggcgctgatatatga	400	
		P	FAM–tcccgcgtcatcggcgg–TAMRA	200	
	73496	F	gttcttctcttcatagctcattacagtttt	600	84
		R	caaacctccatagagttcaacatcttaa	600	
		P	FAM–ttagttagatcaggatattcttg–MGBNFQ	250	
	MON88302	F	tcccttgaaccttattttatagtgcaca	450	101
		R	tcagattgtcgtttcccgccttca	450	
		P	FAM–tagtcatcatgttgtaccacttcaaacact–BHQ1	200	

（续）

作物	品系名称		引物/探针序列 (5'-3')	终浓度/(nmol/L)	产物大小/bp
马铃薯	EH92-527-1	F	gtgtcaaaacacaatttacagca	300	134
		R	tcccttaatttctccgctcatga	300	
		P	FAM-agattgtcgttcccgccttcagtt-TAMRA	160	
亚麻	Fp967	F	agcgcgcaaactaggataaa	800	105
		R	accttccggctcgatgtcta	800	
		P	FAM-cgcgcgcggtgtcatctatg-BHQ1	100	
甜菜	H7-1	F	tgggatctgggtggctctaact	400	108
		R	aatgctgctaaatcctgag	400	
		P	FAM-aaggcgggaaacgacaatct-TAMRA	100	
木瓜	Huanong No.1	F	gacgagtacaaggagacgcc	400	174
		R	gttgtcactgaagcgggaag	400	
		P	FAM-tggctgctattgggcgaatcaactac-BHQ1	200	

参 考 文 献

[1] 杨玉红，贾彦杰. 食品感官检验技术 [M]. 3 版. 大连：大连理工大学出版社，2022.

[2] 陈文锐. 农产品质量安全与检测技术 [M]. 北京：化学工业出版社，2022.

[3] 李道敏. 食品理化检验 [M]. 北京：化学工业出版社，2020.

[4] 句荣辉，潘妍. 食品质量安全检测 [M]. 北京：中国轻工业出版社，2023.

[5] 句荣辉，罗红霞. 粮农食品安全评价职业技能等级证书培训考评手册：中级 [M]. 北京：中国轻工业出版社，2021.

[6] 罗红霞，邓毛程. 粮农食品安全评价职业技能等级证书培训考评手册：高级 [M]. 北京：中国轻工业出版社，2021.

[7] 王磊. 食品分析与检验 [M]. 北京：化学工业出版社，2017.

[8] 杜淑霞，王一凡. 食品理化检验技术 [M]. 2 版. 北京：科学出版社，2022.

[9] 李京东，余奇飞，刘丽红. 食品分析与检验技术 [M]. 2 版. 北京：化学工业出版社，2016.

[10] 王朝臣. 食品感官检验技术项目化教程 [M]. 北京：北京师范大学出版社，2013.